吉林出版集团股份有限公司
全国百佳图书出版单位

图书在版编目（CIP）数据

围棋从入门到实战高手．围棋名局欣赏／李勇编著．-- 长春：吉林出版集团股份有限公司，2020.12
ISBN 978-7-5581-9601-0

Ⅰ．①围… Ⅱ．①李… Ⅲ．①围棋－对局（棋类运动）Ⅳ．①G891.3

中国版本图书馆 CIP 数据核字（2020）第 270012 号

前言

传说我国上古时期著名仁君尧帝娶了妻子宜氏，妻子生下一个儿子取名丹朱。丹朱从小性情乖戾，长大后不务正业。尧帝为儿子担心不已，就前往汾水询问仙人蒲伊，拜求仙人教授自己管教儿子的方法。

尧帝来到汾水河畔，看见有个老者坐在桧树下，用小木棍在沙地上画格子，还将黑、白小石子排列在格子中，很像是在摆弄阵图。尧帝料定老者就是蒲伊，就上前请教管教儿子的方法。蒲伊笑着说："大王的儿子非常聪明，而且喜欢与人争斗。大王应当投其所好，挖掘他的潜力，培养他的性情。"

尧帝说："还请先生教我具体方法！"

蒲伊指了指沙地上的黑、白小石子说："奥妙就在其中！"说完，蒲伊笑着离开了。

尧帝望着沙地上的黑、白小石子，开始用心思考，终于领悟出其中的奥妙。他回家后，就用文桑木做了棋盘，用犀牛角和象牙做了棋子。做成之后，棋盘、棋子看起来光彩夺目，不同凡响。

丹朱果然被独特的棋盘、棋子吸引，从此钻研围棋，并从中悟出了许多治国之道，后来成了尧帝很好的助手。

这就是关于围棋由来的传说。围棋蕴含着古代哲学中一元生两仪、两仪生四象、四象生八卦、天圆地方等含义，变化丰富，意蕴深远，魅力无穷，有着极为丰富的文化内涵。

围棋棋盘是标准正方形，由纵、横各19道线垂直、均匀相交而成，构成一幅对称、简洁而又完美的几何图形，有种浑然一体和茫然无际的气势，看着棋盘就如同仰视浩瀚苍天和俯瞰辽阔大地。

围棋对局好似整个世界只留下两位棋手，在广阔宇宙之中，把各自的智慧、勇气和毅力都尽情释放了出来。双方端坐棋盘两端，品着清茶，摇着鹅毛扇，不动一刀一枪，不流一滴血，没有一句争吵，却进行着生死较量，真是最为温情、最为阴柔、最为奇妙的了。

围棋作为我国传统文化的重要组成部分，它与太极阴阳及《易经》都相通。特别是围棋从黑、白两种棋子的排列组合中，演绎出一系列变化莫测的方阵化境。在小小的棋盘之上，从始至终都是错落有致的黑白图案，就如同一幅太极阴阳图在流转，奥妙无穷。在这变化中，可以看出运动、和谐、对称和有序的艺术，可以感受到舒缓、抑扬、狂肆的节奏。所以有人说，围棋是太极原理最直接和最形象的一种现实模型，同时也是一个微型 宇宙模型，内涵无限。

小小围棋，具有休闲娱乐和游戏益智之功效，并以其特殊形式和独到品位深受现代人喜爱。各种各样的围棋活动尽展魅力，不仅可以休闲娱乐，还可以修身养性、陶冶情操、开发智力。为此，我们根据围棋基本特点、最新发展和初学者的接受能力，特别推出了“围棋从入门到实战高手”系列图书，系统介绍了围棋的基础知识、死活棋形、劫的知识、基本定式、基本布局、中盘战术、官子阶段和名局欣赏等内容，科学实用，通俗易懂，图文并茂，非常适合广大围棋爱好者入门学习和技艺提高。总之，拥有本套书，你就有了围棋方面的良师益友。

目　录

第一章　名局入门与训练

第二章　现代名局简析

第三章　古谱名局鉴赏

第一章　名局入门与训练

对于围棋初学者和爱好者来说，观摩和研究一些围棋高手及围棋名家的经典布局与常用对局招法，十分有利于提高自己的棋艺，也能够提高自己对围棋的欣赏水平。尤其是一些初学者和稍有基础的棋手，要想在短期内使自己的棋艺有一个显著提高，那么学习和借鉴围棋名局是非常必要的。

01 围棋名局

定义

在围棋活动中，要被称为名局，一般认为应当至少具备以下条件中的两项：

（1）对局者的水平要十分具有代表性；

（2）棋局内容十分精妙，双方均没有重大失误，或者有一方发挥特别出色；

（3）在围棋思想和技术方面要具有重要影响，特别是要有重要的启示作用；

（4）对于棋手个人命运或对某一国，甚至世界棋坛具有重要影响，会引起较大的关注。

棋谱

指的是用图和文字记述棋局的基本技术和开局、中局、残局着法的书和图谱。

棋谱上黑、白两子代表着黑棋与白棋。每个子都可以代表一个数字，如1、3、16、85、129、160等。黑子为奇数，白子则为偶数。

在围棋棋谱下面我们经常能看到32=12，或是128=37等类似的标志。它表示的是第32手棋下在原来第12手位置。这是因为原来第13手所下棋子，被第32手棋子吃掉。而这个空出来的位置，由于后面对局需要，第32手又下在了原来第13手的位置上。

棋感

是指达到了一定计算力的情况下的一种第一感，计算时的第一落点。这种高度灵敏的触感，往往可以使棋手在棋局复杂的情况下，让他们领会出棋局中厚薄强弱的微妙之处，从而做出正确判断，进行破局，甚至获得胜利。因此，好的棋感可以说是衡量一个棋手实力高低的标准。

棋手

我国围棋有着十分悠久的历史，一批批围棋高手接连登上棋坛，尽展博弈风采。他们宛若一颗颗耀眼的明星，在棋坛上闪耀着迷人的光芒。

围棋名手的出现，使众多围棋爱好者更加关注、研究层出不穷的名局，争相参悟揣摩其中的绝妙着法，以期在对弈中能屡出奇着，攻城略地，引来同行的赞许和敬佩。

吴清源大师就是其中的佼佼者，他对围棋的贡献主要有3个方面：

（1）提出新的布局理论，使围棋布局理论焕然一新；

（2）革新旧的下法，提出了“以大雪崩内拐”为代表的许多吴清源定式；

（3）提出了“21世纪围棋”概念。

02 围棋打谱

围棋打谱是指把布局、定式，以及围棋实战中的对局过程，按照数字先后顺序，在棋盘上对应相同位置摆放，然后通过演示定式或者棋局进程，进而起到学习和欣赏的目的。同时还帮助打谱者了解正确的棋形，建立良好的棋感。

围棋就是在一定时间与空间里，通过黑、白交互下子达到战斗和围空的目的。在下棋过程中，空间所处位置与时间先后次序都极为重要，需要讲究着子的次序。

在琢磨下棋次序时，我们不可随意地看待眼前任何一手棋。在打谱过程中，需要我们领会的不是棋谱上的数字，而是棋子之间更深层的相互关系。

因此，我们无论在何时打谱，都应该关注所下棋子和周围棋子的关系，不论是在“小飞”“拆二”，还是在“打吃”“倒扑”等，皆是如此。

打谱方法

按照棋谱演练着法，是提高我们棋艺水平的重要方法之一，而有效的打谱方法也有以下两种：

第一，快速打谱。就是照着棋谱能摆多快就摆多快，这种方法能够培养和提高我们的棋感。在如此进行一段时间的训练后，我们便会发现下棋时不需要冥思苦想，就能下出即漂亮又高效率的着法。

当我们能在二三十分钟之内，摆完一次二三百手的棋谱，那时就说明我们的棋艺已经达到了比较高的水平。

第二，慢速打谱。这种打谱方法就是要详细研究每个变化，每一步棋。了解其中每一个落子的目的和用处，并且要随时思考自己这时要采用的下法，然后对比高手实战进行分析。这种方法选择的棋谱，可以适用任何棋风的棋手。

打谱须知

（1）当难以找到一手棋在棋盘上的准确位置之时，我们可以把棋盘上的棋子和9个星位作为参照物，然后看看下一手棋和其他棋子之间的位置关系，是不是“打吃”“切断”“挂角”等。

（2）围棋棋谱就是高手实际的对局过程，其中会有很多的吃子，如果在棋盘上下一手棋可以“提掉”对方的棋子，就得如实战一样，把被吃掉的死子从棋盘上拿掉。

（3）如果一手棋很长时间都找不到在哪里，我们可以看看棋谱下面有没有32=13、128=A这类标志。若是有，就说明黑13已经被对方提掉，而现在白32要下在黑13被提掉后空出来的位置，或者是A位的棋子已经被提掉，现在白128就下在A位这个位置上。如果双方正在打劫，那么，这样互相反复提子情况将会非常多见。

03 打谱要注意的事项

打谱是学棋涨棋的一个重要途径，无论是专业棋手还是业余爱好者，想提高棋艺，打谱是不可免的。然而打谱也必须得法，若是只求数量，不求质量，什么谱都打，只会事倍功半。

因此打谱时，不可生搬硬套，须去粗取精，去伪存真，分析斟酌，并结合自己的实际情况，有选择的灵活地吸收和运用。学习围棋打谱时，还须注意以下事项：

（1）扬长避短。选择与自己棋风相近的棋手棋谱，进行系统地研究，唯有这样才能有所成效。比如有的人喜欢大刀阔斧的作战派，有的人喜欢细腻精准的实地派等。首先是要明确自己的行棋风格，找与自己棋风相近的棋手棋谱，以这个为切入点进行学习，才更加易懂。而不是谁的名气大就打谁的棋谱，那样只是好高骛远，只会适得其反。

（2）多看多习。在针对自己棋艺上的薄弱环节时，要选择打谱，进行较为系统的研究，如此方能取得较快的进步。比如自己官子弱，我们可以去看看官子战强的棋手棋谱；中盘扭打不行，则可以去看看中盘扭打计算能力强的棋手等。

（3）切忌贪多。在下围棋时，最忌三心二意，对每一盘棋我们都应该做到反复推敲，力争完全弄懂。如果打谱时能够用心钻研，相信每一个新发现都会使我们其乐无穷，陶醉其中，而这也正是围棋世界中的魅力所在。若是在围棋中确实有某处地方不甚明了，我们则可以选择暂时放下或是请教高手，待棋力提升之后，自然也就有了解决之法。如此一来，相信我们的棋艺定会飞速提高。

（4）揣摩意图。在围棋对战中，我们要学会去猜测对局双方的意图，多想一想为什么，他这步棋的用意和目的？下一步我该怎么走？这个棋面该如何破局？哪一个棋点会更好？每一种选择的利弊等，慢慢地我们就会养成多计算的好习惯。毕竟再高明的棋手，也不能“窥一而知全貌”，多思多想多“挑挑毛病”，相信对我们棋力的提高是很有帮助的。

（5）理解运用。不要过于迷信棋谱中的解说，更不要死记硬背钻牛角尖。毕竟，仅模仿高手来打谱是不可取的。我们必须要理解，要把别人的东西吸收来学以致用。学会者强，相似者弱。著名棋手陈祖德九段说过“不盲从”，就是这个道理。

（6）呼朋唤友。俗话说“一人计短，二人计长”，不要总是独自一个人打谱，要知道适当的集体探讨，可以互相启发，相互促进，这对初学者和自学者尤其合适。但是切忌一味提出问题，问题首先要自己思考，实在不懂再请教高手或者老师，这样才能达到最佳的学习效果。而只问不思，只能是半知半解，无法得到长足的进步。

（7）付诸实践。如果我们在打谱时，有了新的想法，一定要去大胆的尝试，实践出真知，亦是这个道理。切忌千万不要畏缩不前，要知道“罗马不是一日建成的”，成功也是在无数次的失败基础上和不懈的坚持中造就的。

04 “四角八变换”打谱法

在围棋世界里，只有通过不断重复的演练，才可以提高我们的棋感和对棋形的敏感度，同时还能锻炼我们的记忆力和理解能力，如此一来，棋艺水平自然就提高了。

打谱，可以说是提高棋艺水平的重要方法之一。要知道一些围棋高手们也是常常打谱，自己研究棋局，领悟一些变化，以用来维持状态和提高技术的。

“四角八变换”便是日本围棋教育名家金大铃先生首先提出来的打谱训练法，这种方法在实践中同样也收到非常不错的效果。

“四角八变换”指的就是将棋盘上的棋谱改变方向就可以出现8种不同的局面。

比如，把行棋位置逐一在4个角分别进行90度旋转，棋形的方向就会发生变化，进而形成4种不同局面。然后继续进行90度旋转，形象来说，就好比将这4种变化图再分别倒映于4面镜子中，此时镜子里便会出现4种新的局面，加起来就是8种局面了。

通常来说，只要我们把一局棋谱打谱多遍以后，就可以自己用“四角八变换”之法，把局棋按照8种不同方向在棋盘上进行打谱演练了。此种打谱的方法如下：

（1）按照书上原谱的方向打谱，这叫一角一变换。

（2）原谱上如果黑1下于右上角小目位置，此时把黑1改下在右上角另外一个小目上，然后找到原谱白2和黑1的对应关系，看其是在对角，还是在相邻的角，是在同一条线上，还是错开。只要把前4手棋对应位置一一找到，就可以顺利打谱，这便是一角二变换。

（3）若是原谱黑1下在右上角星位的位置，在二变换之时，黑1还下于此，然后看白2是下在对角还是下在相邻的角，如果在相邻的角，则可以把白2改下在相邻的另外一个角上。若是白2下在对角的小目上，便可把白2下在对角的另外一个小目上。若是白2下于对角的星位，则黑1、白2位置不动，再把黑3换到另外一个角上即可。我们可以参照“四角八变换”棋谱多摆，多思考，相信很快就能熟练掌握这种方法了。

（4）我们只要记住一点：虽然改变了方向，但我们摆的还是同一盘棋，如同照镜子一样，每个棋子之间的位置对应关系是没有任何变化的。

（5）用此种方法在4个角上，把同一盘棋打谱8遍以后，会让我们对棋子之间的相互关系有更深刻的理解和认识。对同一局棋或同一个定式，采用“四角八变换”的方法，多角度地进行观察，也会让我们有更多新的理解，新的发现。

“四角八变换”第1局

棋手：黑方九段（日本）本田邦久vs白方九段（日本）武宫正树

对局：1~30手

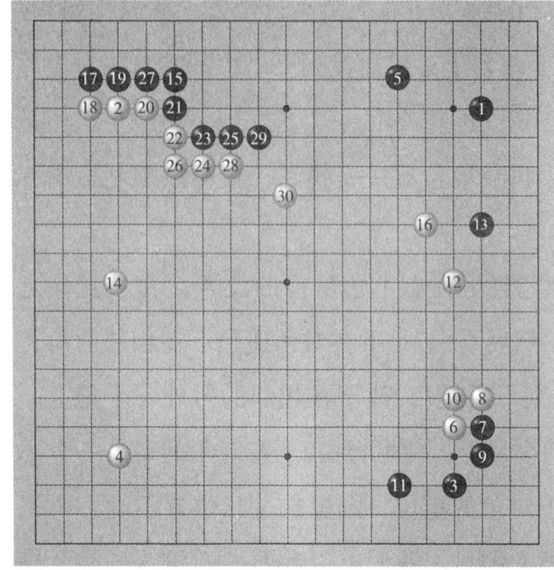

图1-1
是一角一变换

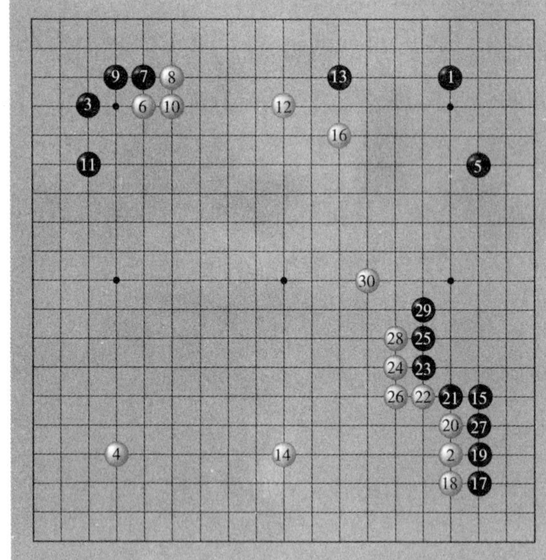

图1-2
是一角二变换

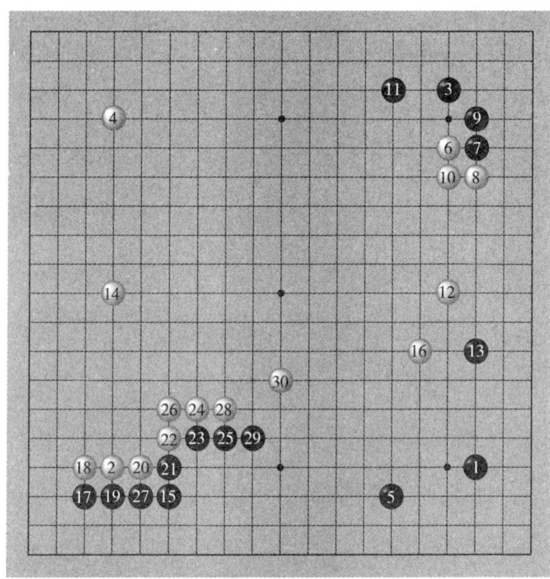

图1-3

是二角三变换

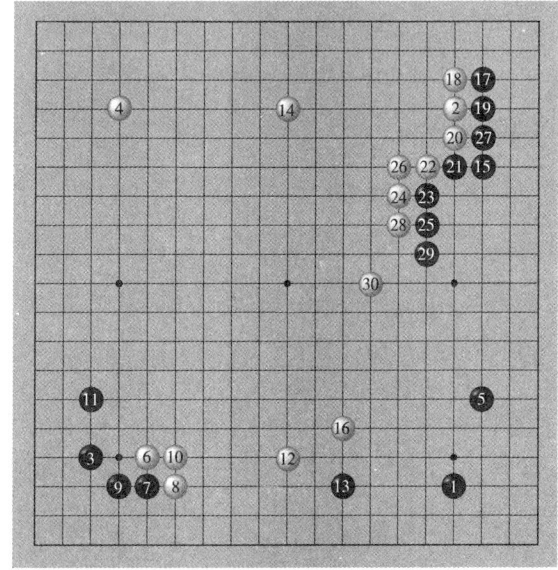

图1-4

是二角四变换

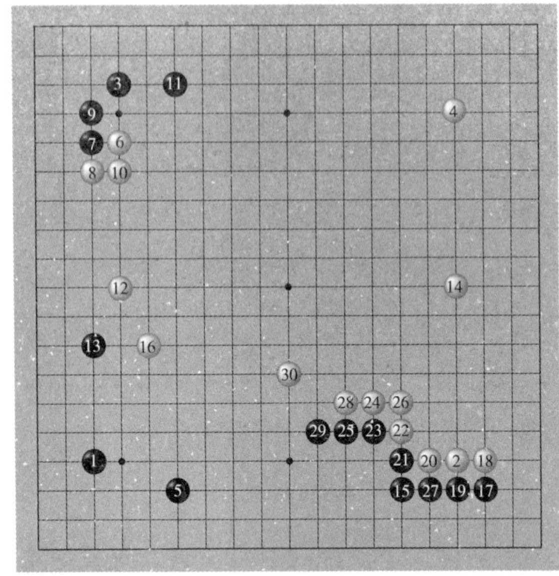

图1-5

是三角五变换

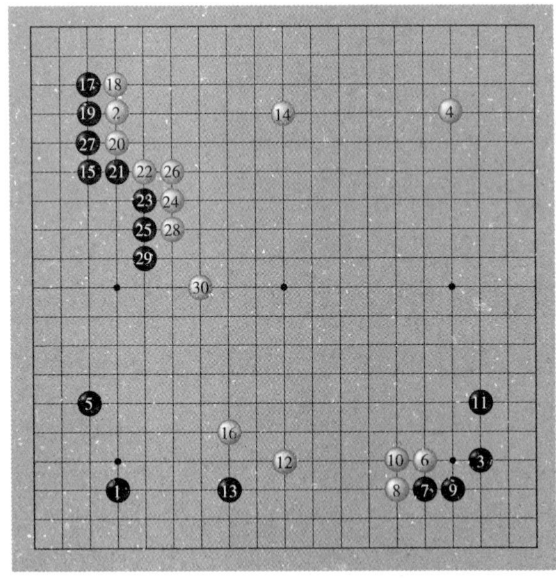

图1-6

是三角六变换

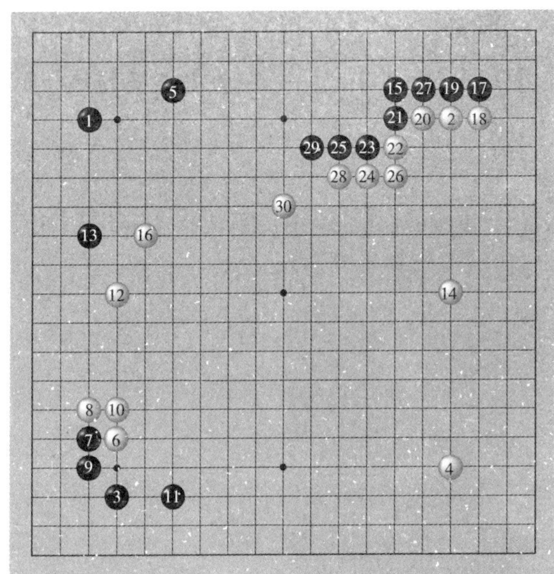

图1-7

是四角七变换

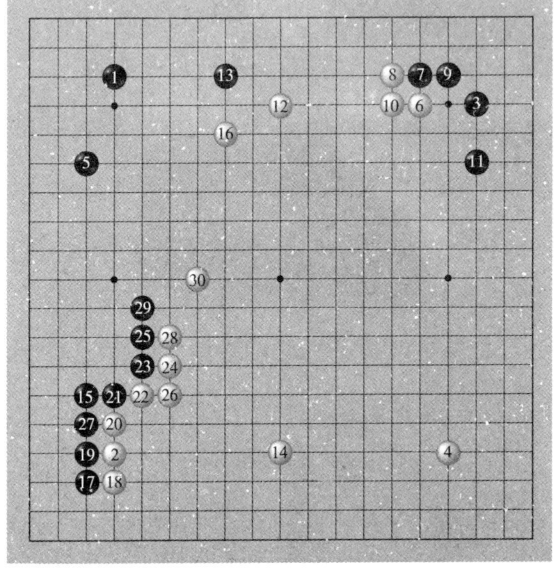

图1-8

是四角八变换

“四角八变换”第2局

棋手：黑方九段（日本）小林光一vs白方九段（日本）武宫正树

对局：1~36手

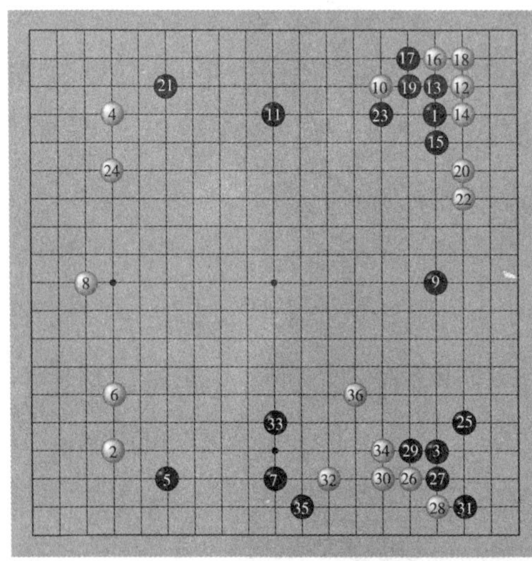

图1-9

是一角一变换

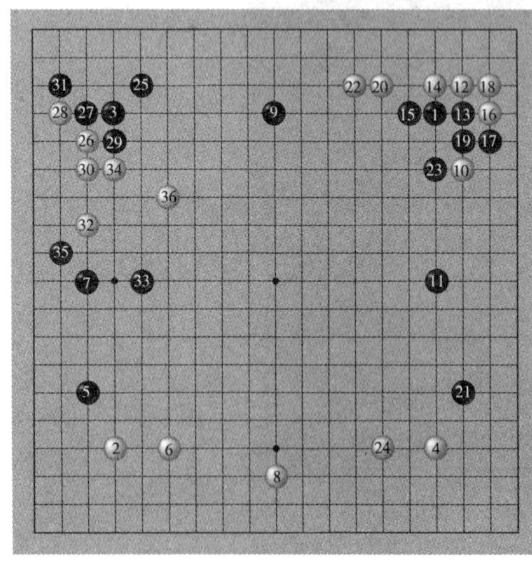

图1-10

是一角二变换

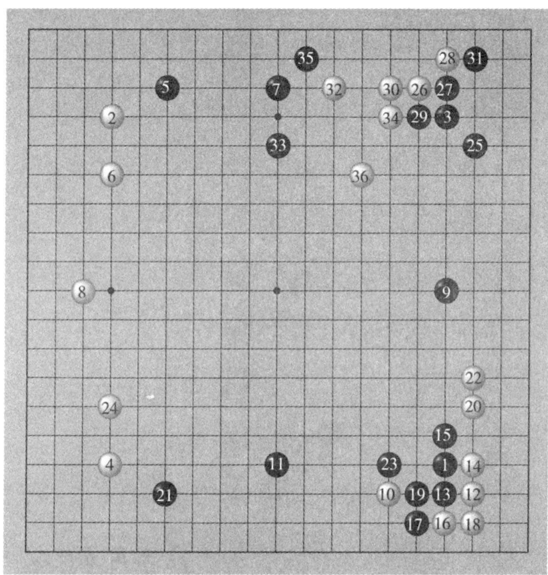

图1-11

是二角三变换

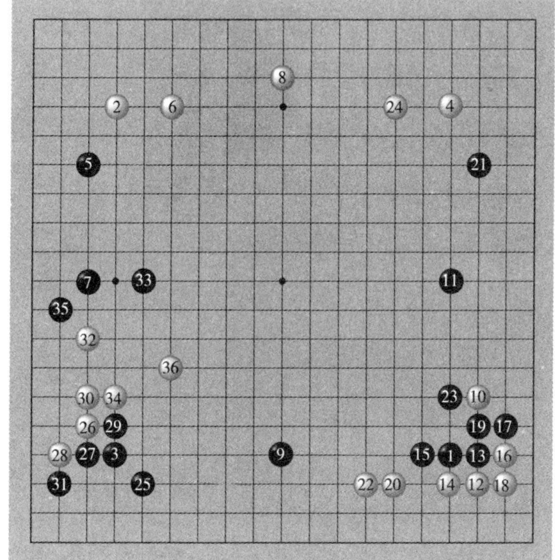

图1-12

是二角四变换

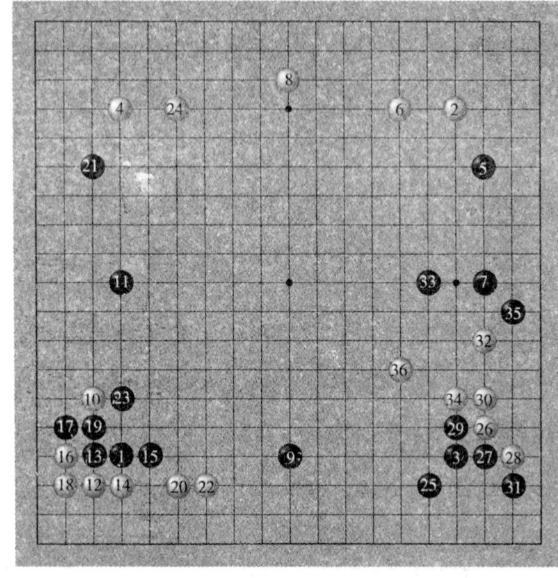

图1-13

是三角五变换

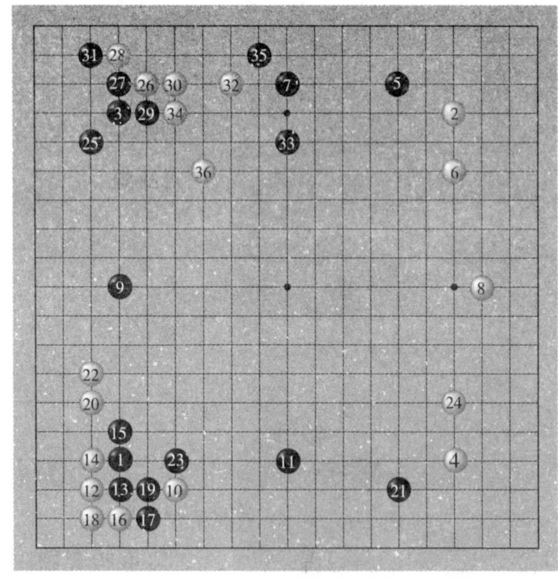

图1-14

是三角六变换

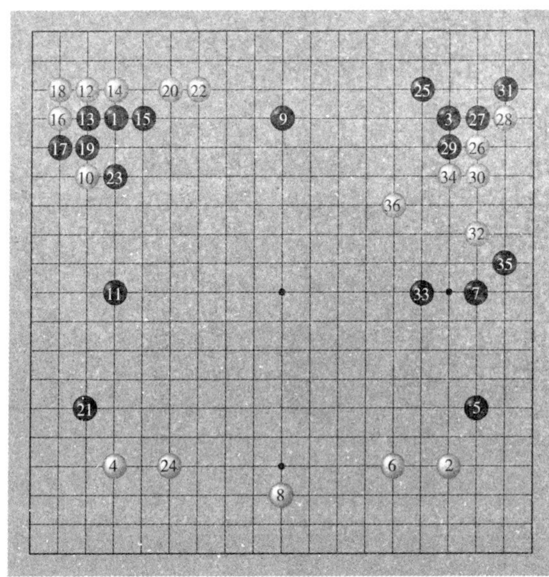

图1-15

是四角七变换

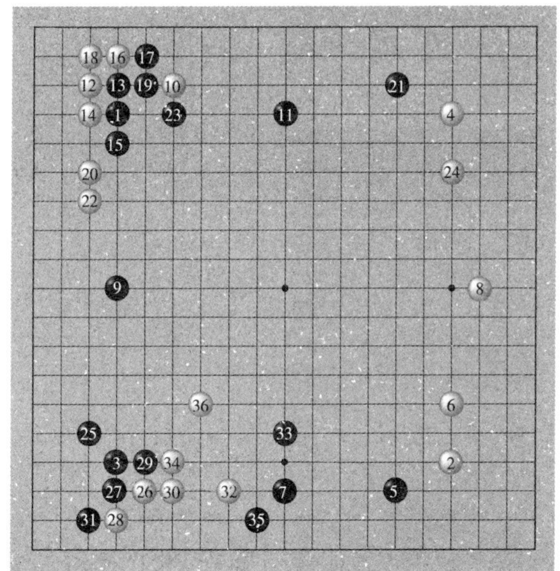

图1-16

是四角八变换

“四角八变换”第3局

棋手：黑方五段（中国）檀啸vs白方九段（韩国）李昌镐

对局：1~30手

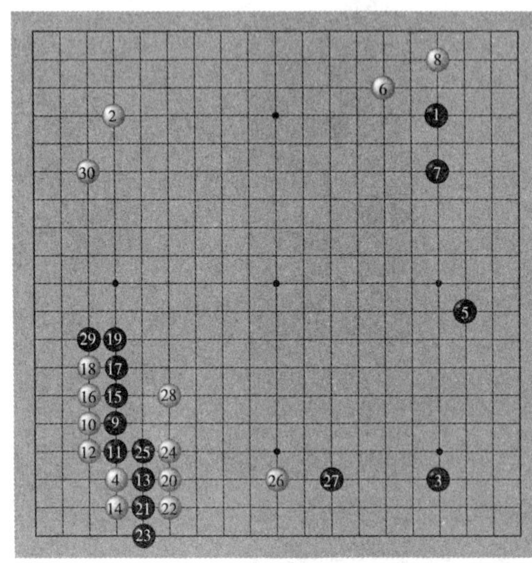

图1-17

是一角一变换

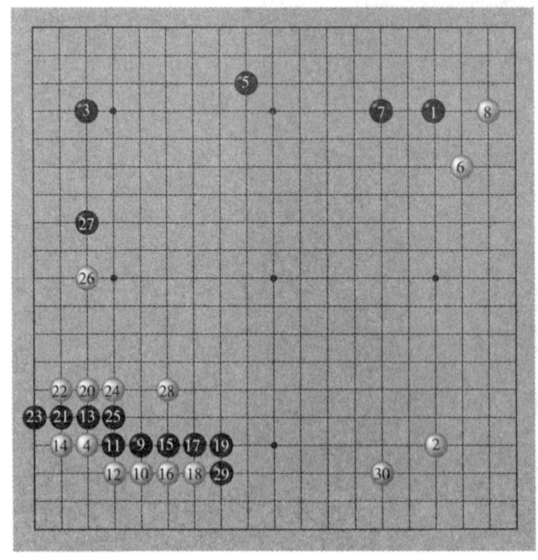

图1-18

是一角二变换

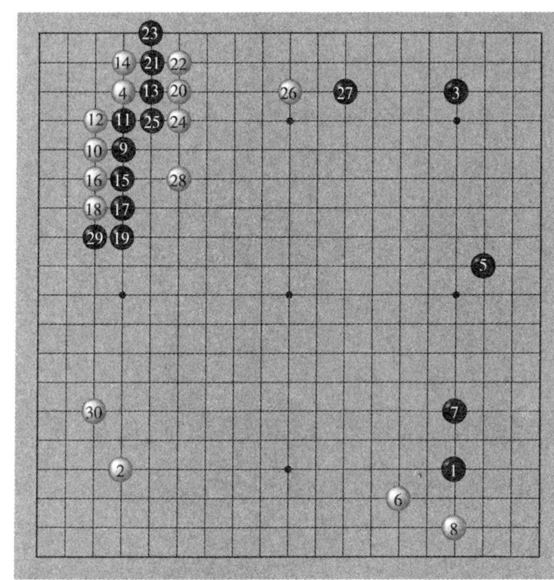

图1-19

是二角三变换

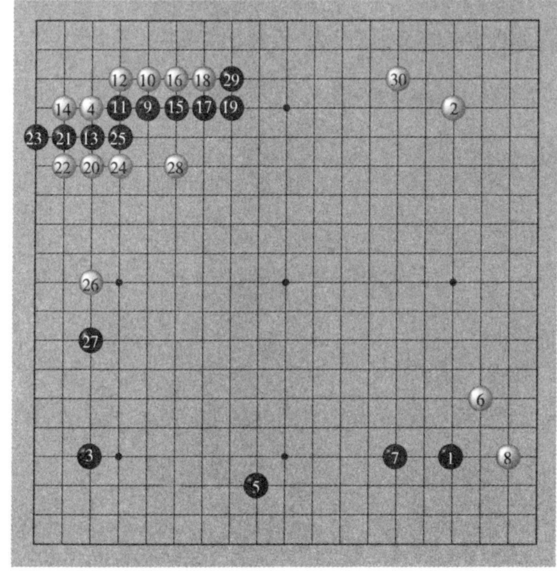

图1-20

是二角四变换

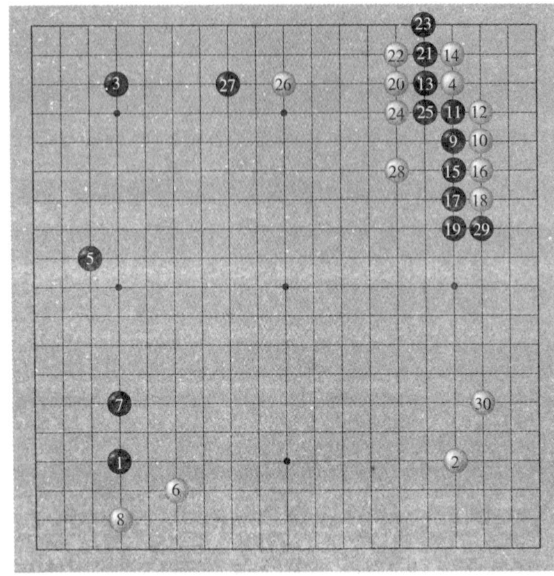

图1-21

是三角五变换

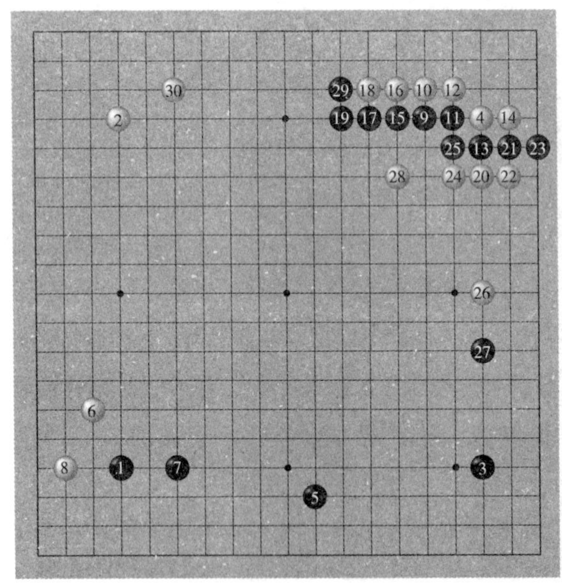

图1-22

是三角六变换

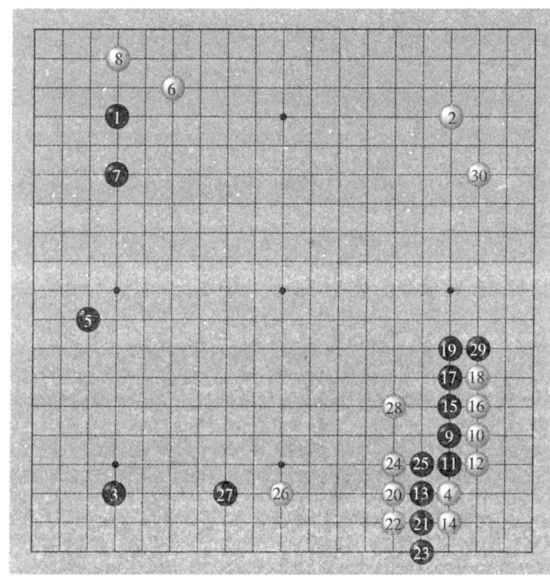

图1-23

是四角七变换

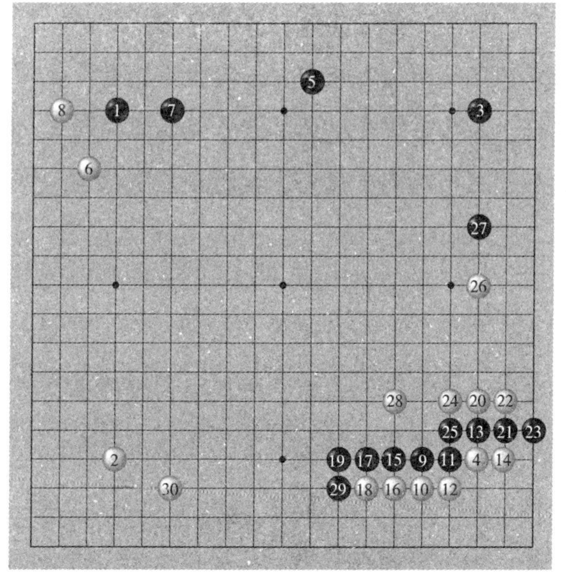

图1-24

是四角八变换

相关链接

1986年，韩国著名围棋棋手赵治勋遭遇车祸，受伤较重。但是他仍然执意参赛。他说："我不知道什么叫弃权。宁可倒在棋盘上，我也要下棋。"

赵治勋擅长在对方重重包围中治孤做活。他曾写道："我是一个治孤型棋手，而我的人生就如同一条治孤的道路。世界之大，岂能无容身之所；风浪再急，总还有停泊的港湾。在治孤的人生中，只有狭窄的空间，而没有狭小的胸怀。"

围棋口诀

常替敌棋多考虑，敌棋知舞避其锋，我补厚实敌变弱。

穿过象眼要注意，穿忌两行飞为宜，三路挖出先看征。

两子必长别忘记，三路腾挪常碰撞，弃子发威能得利。

围棋四角顶有趣，生生死死变化奇，拔钉子里有称砣。

围棋规则

杀棋不要急，安全排第一；包围圈，有漏洞，先补棋。

棋形还要看仔细，边角常型要牢记，杀棋方法有许多。

缩小眼位扑和扳，直接点眼也很急。

弃子撞气扑和立，先后还要讲顺序。

第二章　现代名局简析

围棋在世界各国非常流行，高手林立，名人辈出，各领风骚数百年，精彩对局与名局也随之不断出现，令人大饱眼福，叹为观止。解析那些名人名局，十分有利于初学者学习与提高棋艺。

01 日本棋院vs棋正社对抗赛第1局

时间：1926年9月27日

棋手：（先）七段（日本）雁金准一vs名人（日本）本因坊秀哉

对局：共254手

终局：黑超时告负

棋谱：图2-1

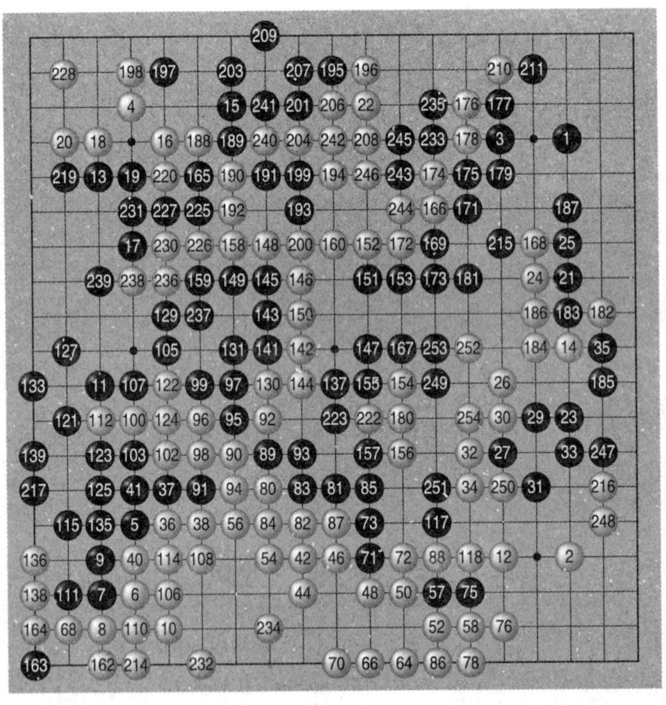

图2-1

解说：对局双方都是日本著名棋手本因坊秀荣名人的得意弟子。雁金为人宽厚，棋风刚劲，算路极深，有“算透千手无一遗漏”的美誉；秀哉城府深刻，棋风杀伐机变，纵横恣肆。

秀荣生前表示，身后将由雁金准一继承本因坊。但是，在秀荣逝世后，秀哉利用手段，取得本因坊家的继承权，又登上名人宝座，成为棋界第一人。因此，雁金对此一直心怀不满。

在秀哉主导下的中央棋院，就是后来大名鼎鼎的日本棋院成立后，雁金不久就率领部分棋手退出日本棋院组成了棋正社，与日本棋院抗衡。于是，双方矛盾日积月累。

1926年，日本举行了著名的院社对抗之战，雁金和秀哉作为双方主帅在第1局相遇，引起万众瞩目。当时登载本局棋谱的《读卖新闻》发行量因此上升了3倍。

开局不久，双方就展开了激烈搏杀。秀哉白棋的铁腕追杀和雁金黑棋的坚韧治孤，似乎双方都在无声地表示个人恩怨与院社矛盾，都力争志在必得。

双方激战大半盘难分高下。但是，雁金左边一着随手终于铸成大错，黑下边全部被杀，而外边未获得适当补偿，导致败局已定。激战至254手时，雁金神色木然，任凭计时员读秒而不落子，终于超时作负。

此局的告负和后来代表日本棋院出战的木谷实的疯狂连胜，使得雁金本人和棋正社元气大伤，从此一蹶不振，而秀哉则又一次捍卫了其地位，稳定了日本棋院。本局也因精彩绝伦的攻杀，被称为日本“20世纪三大杀局之一”，很具观赏价值。

02 吴清源vs本因坊秀哉对抗赛第1局

时间：1933年10月16日至1934年2月

棋手：（先）五段（中国）吴清源vs名人（日本）本因坊秀哉

对局：共252手

终局：白2目胜

棋谱：图2-2

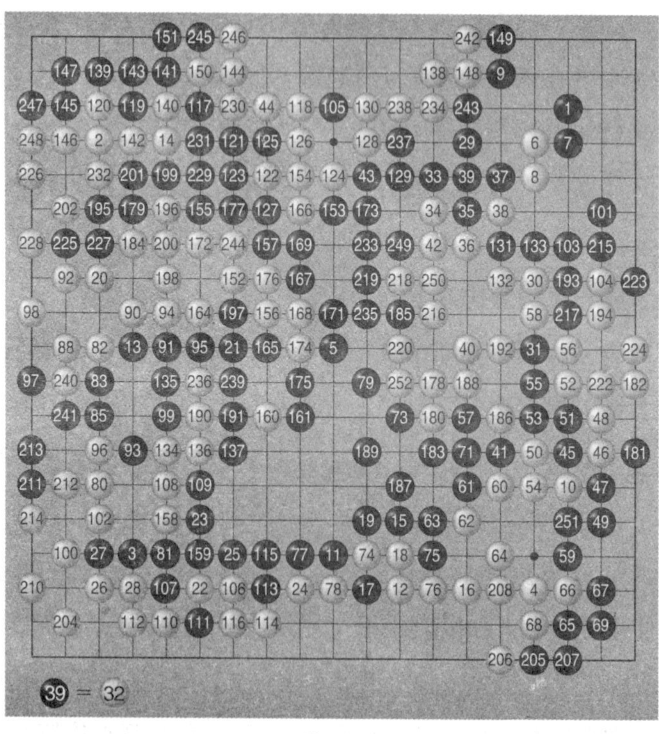

图2-2

解说：在本局进行之时，围棋新布局革命的旋风正席卷整个围棋界。特别是在中国享有天才之名后东渡日本的吴清源，此时作为新布局革命的旗手之一已经名闻天下，同时《读卖新闻》也不失时机地推出许多特别对局，使得吴清源从众多虎狼之将中杀出了重围，取得了向秀哉名人挑战的资格。

在布局的开始，吴清源就以前无古人的“三三”“星”“天元布局”震惊了棋界，使得许多保守派甚至将其斥为“对名人的不礼貌”。在本局进行中，秀哉多次利用名人特权封棋，并与他的弟子一道研究整个局面和走法。

在当时，中日关系日趋紧张，使得本局不仅成为双方技艺和理念之争，还带上了浓重的“国家胜负”的色彩。在对局中，吴清源甚至受到过日本极端分子的暗杀威胁。

在激战至中局时，白棋以160手“天赐的妙手”突破中央黑空，奠定胜势，但最终吴清源以2目败北。但是，吴清源此战虽败犹荣，并且他在本局中显示的全新理念和思想终于逐步主导了整个围棋界，构成了后来围棋战略思想的核心和主干。

在秀哉去世后，时任日本棋院理事长的濑越宪作九段透露，白160这一手是秀哉弟子前田陈尔想出来的。这说明要不是外援插手，当时吴清源与秀哉到底谁输谁赢，还说不定呢！

此事也引起了轩然大波，最终濑越在坊门弟子的围攻下不得不辞去理事长职务，由此可见本局棋的影响有多大。后来，吴清源先生在对本局的解说时表示：“对于本人来说，这也是值得纪念的一局。”

03 吴清源vs木谷实镰仓十番棋第6局

时间：1940年10月19日

棋手：（先）七段（日籍华人）吴清源vs七段（日本）木谷实

对局：共165手

终局：黑中盘胜

棋谱：图2-3

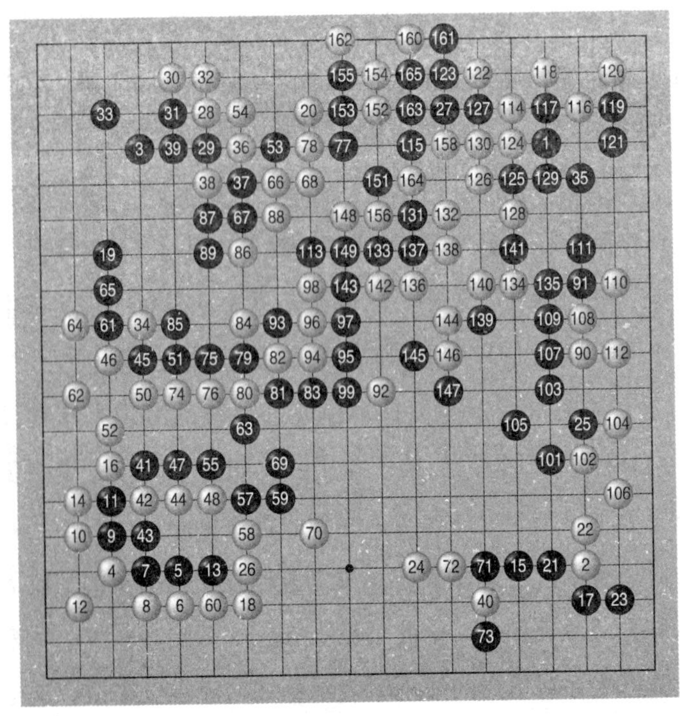

图2-3

解说：吴清源和木谷实两位棋手都是新布局革命的两大旗手和领袖，彼此也是莫逆相交，然而似乎在冥冥之中，注定了双方必有一战。

在秀哉名人引退之后，在名人引退纪念对局中，曾经执黑5目战胜秀哉名人的木谷七段，成了当时棋界第一人，他的呼声是空前高涨。

然而，吴清源此时也在段位赛大手合中升到了七段。木谷与吴清源作为两位仅有的现役七段，这场争夺战简直无可避免。《读卖新闻》主办的吴清源与木谷争棋决定以公认的最能体现棋手实力的十番棋形式进行，又因在日本著名的佛教圣地镰仓举行，因此史称“镰仓十番棋”。

在十番棋中，木谷一改新布局倡导者的面貌，以坚实稳健、步步为营的风格出现，吴清源则继续他华丽奔放和天马行空的风格。双方激战5局，木谷1胜4负被逼到绝境，第6局木谷剃光头发出战，以示决不后退的决心。

但是，木谷一的大龙被杀，中盘败北，被降格到先相先，就是以后他再与吴清源对局，3局中必须两局执黑先行。所以，最后4局的胜负已经无关最终结局了。

在此战后，木谷在各种比赛中再无重大建树，而吴清源则以此为开端，书写了10次十番棋将当时所有最强棋手全部降级的神话，成了“昭和之棋圣”，被公认为围棋史上第一人。

04 日本第6期本因坊挑战赛第5局

时间：1951年5月31日

棋手：（先）七段（日本）坂田荣男vs八段（日本）桥本宇太郎本因坊

对局：黑贴4目半，共273手

终局：白10又1/2目胜

棋谱：图2-4

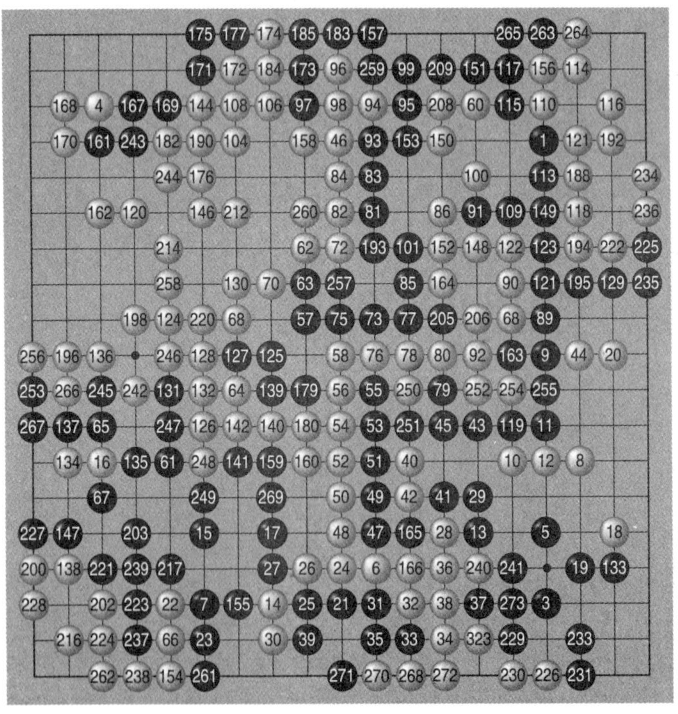

图2-4

解说：秀哉名人引退，意味着让出了象征历史传统和无数荣光的“本因坊”名号。“本因坊”名号地位崇高，于是日本棋院和新闻机构经过商议后，推出“本因坊战”。在此次比赛中取得冠军的棋手，可以在一年中保持“本因坊”名号，并且可以和下一年产生的挑战者进行七番棋比赛，以决定新的“本因坊”归属。在当时，吴清源因为是华人未能参赛。

在本期比赛之前，日本著名棋手桥本宇太郎因不满日本棋院存在各种各样的阴暗面，愤然退出棋院，并和一部分棋手成立了关西棋院。日本棋院对此很恼火，对关西棋院处处排挤，但是由于地位尊崇的“本因坊”头衔被桥本占据着，日本棋院深感掣肘。在第6期本因坊大战中，坂田荣男一枝独秀，获得向桥本挑战的权利，日本棋院为此磨刀霍霍，势在必得。

在开赛后，坂田势如破竹，4局之后以3胜1负将桥本逼上悬崖。本局在升仙峡进行之前，日本棋院甚至已经为坂田准备好了庆祝仪式。但是，桥本镇定自若地宣称：“来吧，坂田君，我引颈以待!”在本局中，桥本以磐石般的冷静和敏锐最终扭转局面，击溃了心态失常的坂田。坂田此战后一蹶不振，被桥本一口气连扳3局，以3：4败下阵来。此次失利足足使得坂田的全盛时期推迟了12年。同时，关西棋院也因此站稳了脚跟，发展壮大了起来，成为与日本棋院相抗衡的一大力量。

坂田本人在数十年后回顾此局时，他使用了“大死一番”的措辞，而“升仙峡大逆转”也从此载入了史册，成为人们的美谈，在棋界也颇具影响。

05 日本第6期最高位决定战第1局

时间：1960年12月21日、22日

棋手：（先）八段（日本）藤泽秀行vs九段（日本）坂田荣男

对局：黑不贴目，共295手

终局：白胜1目

棋谱：图2-5 至图2-14

解说：坂田荣男是日本著名围棋棋手，二十三世本因坊。他一生获得过64个比赛冠军，其中14次获得日本棋院选手权战冠军，11次获得“NHK杯”冠军。其棋风犀利，有“剃刀坂田”“治孤坂田”与“大坂田”之称。

坂田比藤泽大5岁，两人性格都比较火爆，在棋局上相遇时总是剑拔弩张，火药味儿很浓。两人的互不服气不仅在棋局上，在平时的言语中也是如此。两人第一次较量是在第5期最高位战中，藤泽以3：1获胜，从此揭开了两人争棋的序幕。在第二期名人战中，坂田挑战以4：3击败了藤泽，集名人、本因坊于一身，而坂田和藤泽的较量也因此愈演愈烈。从1959年到1979年的20年内，两人12次在冠军决赛中相遇，坂田9胜3负占压倒优势，总成绩上坂田对藤泽是53胜33负。

此局，两人一开始就展开了激战，坂田在极度危险的局面下，下出了白74这着技惊四座的治孤妙手，最终反败为胜。

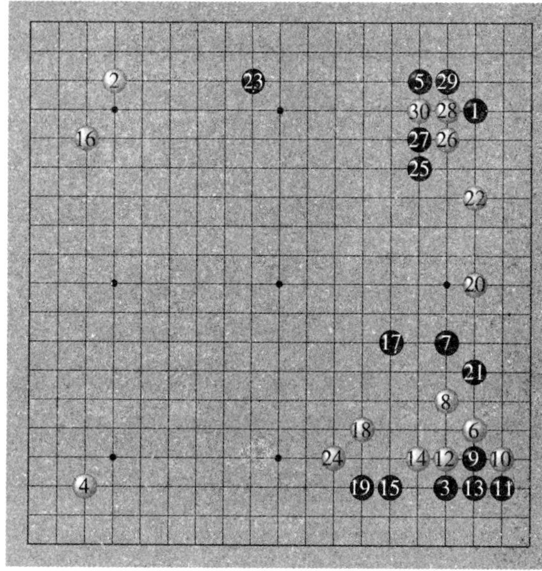

图 2-5

为1~30手

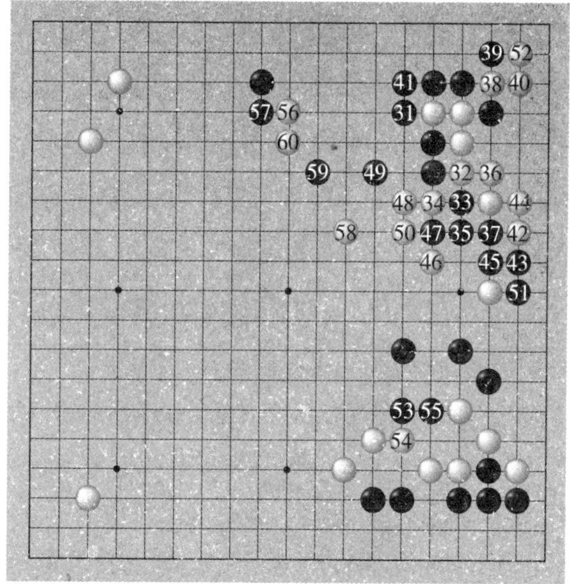

图2-6

为31~60手

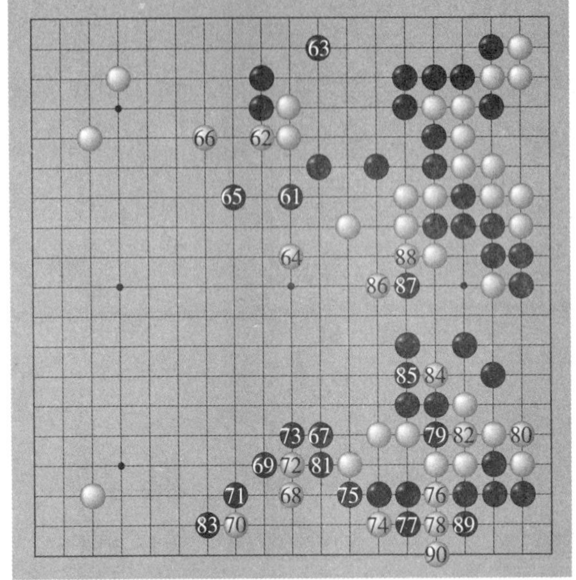

图2-7
为61~90手

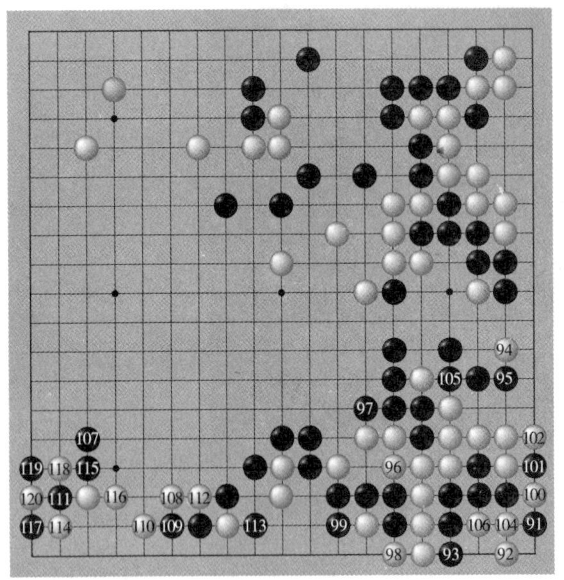

图2-8
为91~120手

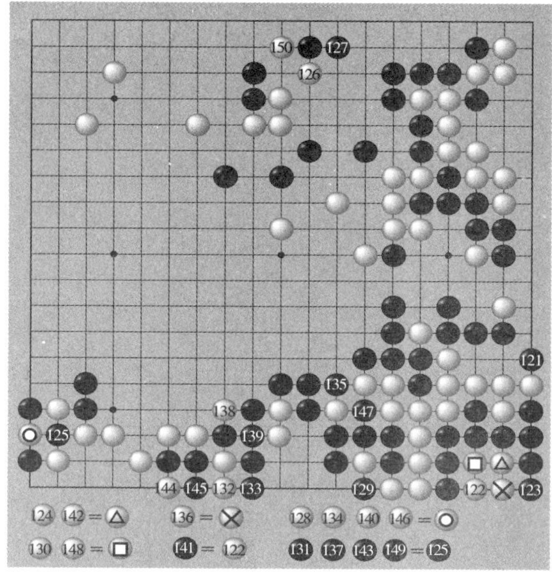

图2-9

为121～150手

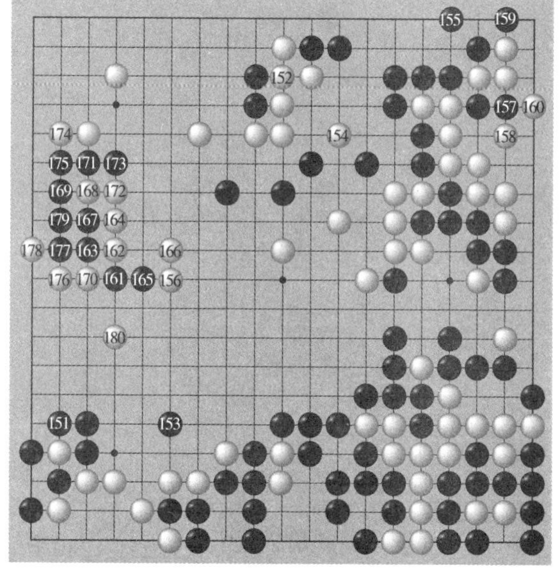

图2-10

为151～180手

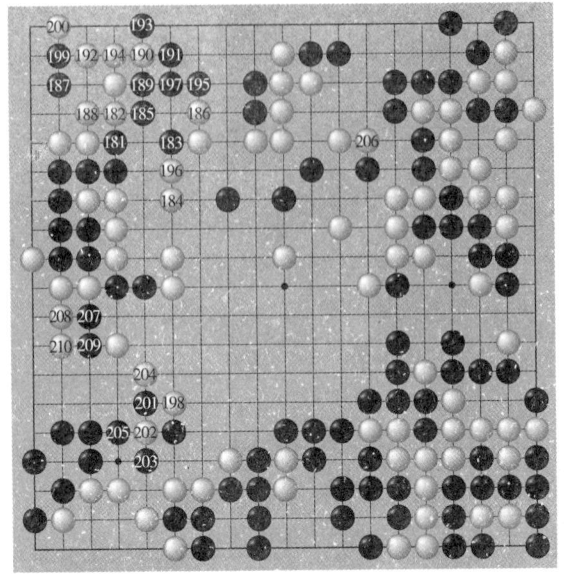

图2-11
为181~210手

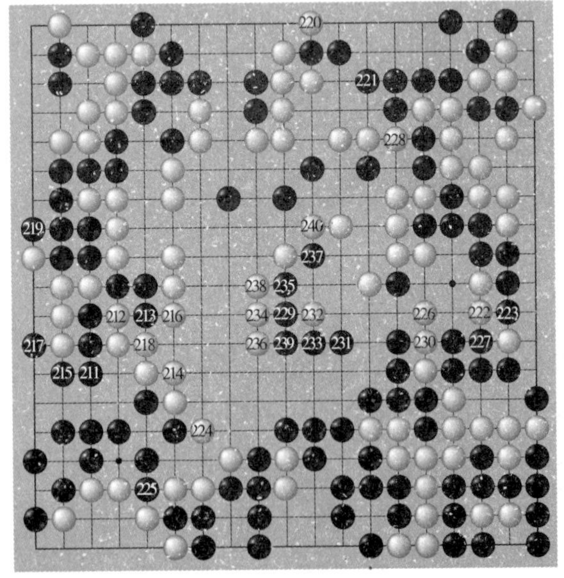

图2-12
为211~240手

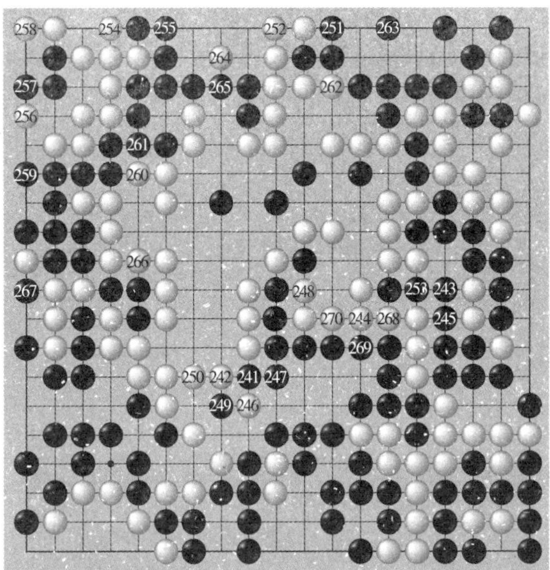

图2-13

为241~270手

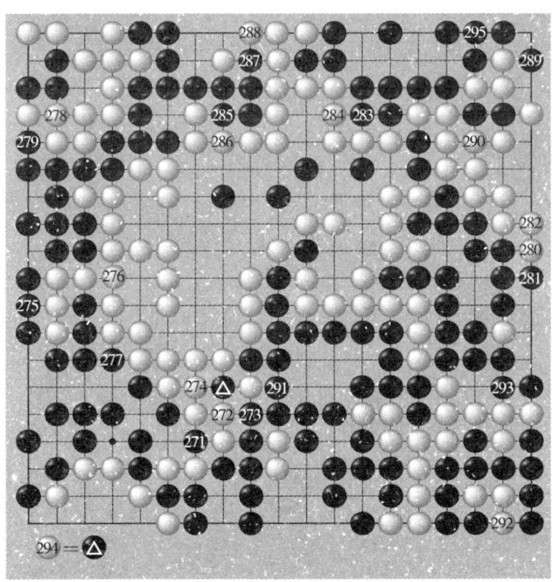

图2-14

为271~295手

06 1963年中日友谊赛

时间：1963年9月27日

棋手：（先）（中国）陈祖德vs九段（日本）杉内雅男

对局：让先，共272手

终局：黑半子胜

棋谱：图2－15

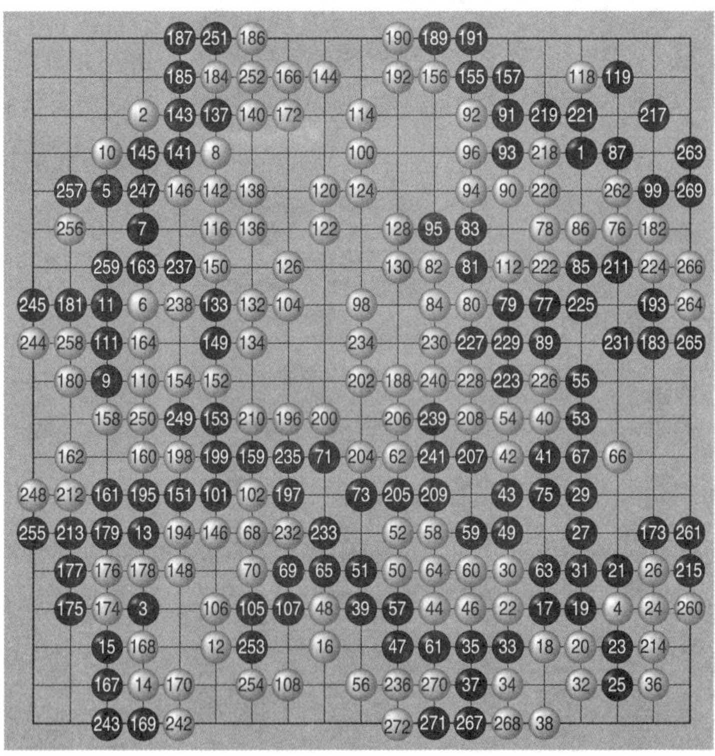

图2－15

解说：陈祖德出生于上海，是我国围棋职业九段棋手、杰出教练员。

1992年中国棋院成立，陈祖德担任首任院长，到2003年卸任期间，他首创了中国围棋等级分制度，建立了中国围棋甲级联赛体系，与春兰集团合作创办了中国首届世界围棋大赛“春兰杯世界职业围棋锦标赛”。

1961年，陈祖德进入了我国第一个国家围棋队。1963年的中日围棋友谊赛中，陈祖德首先迎战日本杉内雅男九段。在这场对决中，他充分发挥了勇猛善战的风格，始终保持先行效力，最终官子中虽小有亏损，但仍旧以半子之微取胜。

这一场棋局的获胜，吹响了中国围棋重回世界巅峰的进军号角。回顾本局，其中蕴含的棋手心血和为国家荣誉奋战到底的气魄，依然十分撼人心魄。

在1964年、1974年，陈祖德又两次获得全国个人赛冠军，也因此确立了他在同时代棋手中的领军地位。1982年，他被授予九段；1997年获得“海天杯”元老赛冠军，进入1997年第9届“CCTV杯”赛前4名；获1999年“电信通讯杯”快棋赛冠军。

陈祖德一生的著作除了《超越自我》之外，还有《徐程十局》《黄龙周虎》《血泪篇》《过周十局》《襄夏战梁程》等。其中他撰写的自传《超越自我》，更是影响和激励了整整一代人。

07 第4期名人战第6局

时间：1965年9月18日、19日

棋手：（先）八段（中国）林海峰vs九段（日本）坂田荣男名人

对局：黑贴5目，共224手

终局：黑12目胜

棋谱：图2-16

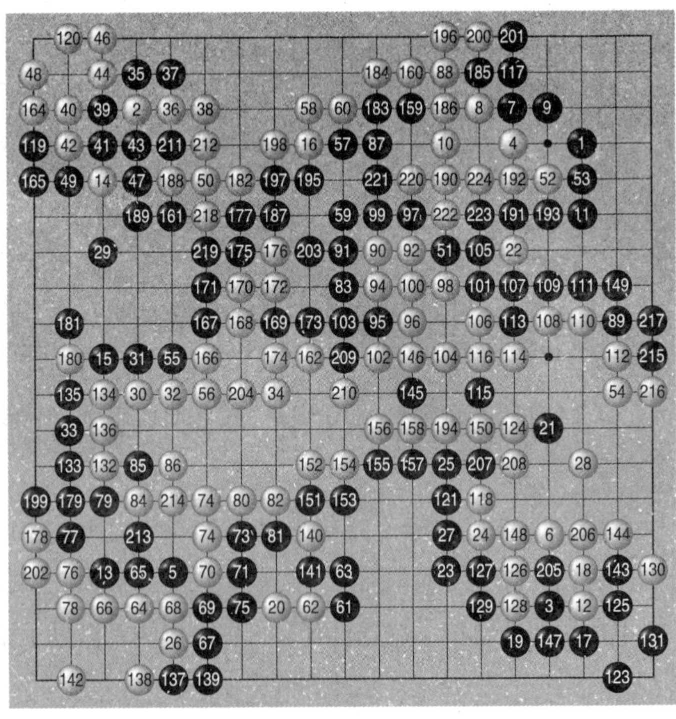

图2-16

解说：1964年，坂田荣男在各种棋战中取得了惊人的27胜1负的战绩，将当时日本所有比赛的冠军头衔都集于一身。而此时的吴清源，早已因车祸后遗症退出了第一线，坂田成了无可争议的棋界第一人。

1965年，年仅23岁的吴清源嫡传弟子林海峰杀出重围，获得在当时最大棋战名人战中向坂田挑战的权利。

在比赛前，有关预测都压倒性地倾向坂田获胜，坂田本人甚至扬言“不会有23岁的名人”。林海峰在赛前也专程拜见老师请求指点，吴清源仅告以“平常心”3字。

在开战后，坂田似乎调子良好，前两局1胜1负，且在大多数时候占有优势。但是，第3局林海峰执白以和棋获胜后，完全放开了手脚，5局战罢，以3：2将坂田逼到绝路。

在第6局，坂田不敢再存丝毫大意，他全力以赴。但是，林海峰将“二枚腰”功夫发挥得淋漓尽致，最终以12目大胜，将坂田请下神坛。同时，有史以来最年轻的名人也由此诞生。

坂田此后连续数次向林海峰挑战均无功而返，本应辉煌灿烂的坂田时代就突然结束了。

林海峰则开始了和木谷门下大竹、加藤、武宫、小林、赵五人并称“超一流”，轮流统治着日本棋坛。

林海峰这次胜利最重要的意义，正如后来著名棋手小林光一说的那样：“林先生的胜利，开创了我们年轻人的时代。”

08 日本第2期棋圣战第5局

时间：1978年3月1日、2日

棋手：（先）九段（日本）藤泽秀行vs九段（日本）加藤正夫

对局：黑贴5目半，共131手

终局：黑中盘胜

棋谱：图2-17

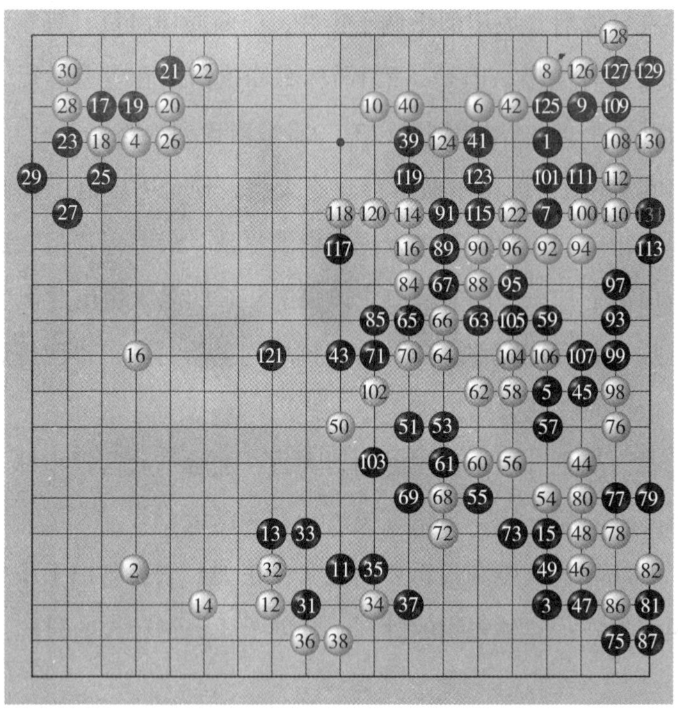

图2-17

解说：藤泽秀行出生于日本横滨市，是日本著名围棋棋士，隶属日本棋院东京本院，出自福田正义五段门下，围棋九段；他1934年成为日本棋院院生，1963年获九段段位。1992年，藤泽以67岁高龄卫冕日本围棋王座战成功，成为史上年龄最大的围棋锦标获得者。

藤泽秀行个性、棋风都十分豪爽，拥有众多棋迷。他起名“秀行”、脱离棋院颁发“段位证书”等故事颇为传奇。

在中国、韩国的棋士中，就有很多人对藤泽秀行如老师般一样景仰，来者不拒的研究会“秀行塾”也极为有名。他还著有大量与围棋相关的书籍。

藤泽秀行终生为围棋国际化而奋斗，对中国围棋的发展做出了巨大的贡献。从1981年起，他14次带领“秀行军团”访华，中国著名的棋手聂卫平、马晓春、常昊等皆受其影响。

在此次7局4胜制的棋圣争夺战中，加藤正夫首先发力，以3：1领先藤泽秀行，若是再赢一局，则可亲手摘掉藤泽秀行的“棋圣”头衔。

怎奈身临绝境的藤泽秀行在本局中爆发出惊天神力，以奋不顾身的气魄施出强攻妙技，终在第93手长考2小时57分，舍命捕获被称作“职业杀手”加藤正夫的超级大龙。而于黑131紧气后，加藤正夫再也无力回天，只好投子认输。此局也因此成了首屈一指的现代杀棋名局。

09 日本第5期名人战第5局

时间：1980年10月22日、23日

棋手：（先）九段（日本）大竹英雄vs八段（韩国）赵治勋

对局：黑贴5目半，共192手

终局：白中盘胜

棋谱：图2−18 至图2--24

解说：赵治勋是著名的韩国旅日超一流围棋棋手。他的棋风重视实地，擅长与对手进行中盘搏杀。他对胜负非常执着，斗志顽强，经常为了追求最完美的下法而陷入长时间思考。看赵治勋下棋很容易让人想到的词语就是“惊心动魄”。

赵治勋同时也极为擅长快棋，并以计算能力出众见称，善于治理孤棋和读秒。本局中，赵治勋就在中盘阶段的妙手层出不穷，他灵活地进行弃子与转换，以精确的计算力和判断力，掌握了整盘棋局的走向，显示出了其无与伦比的围棋才华。

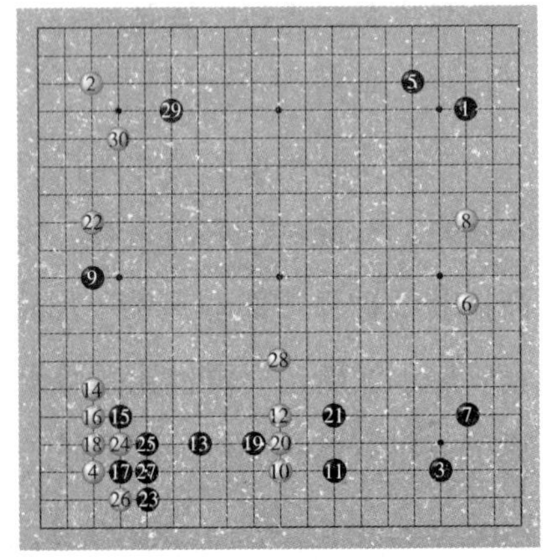

图2−18为1~30手

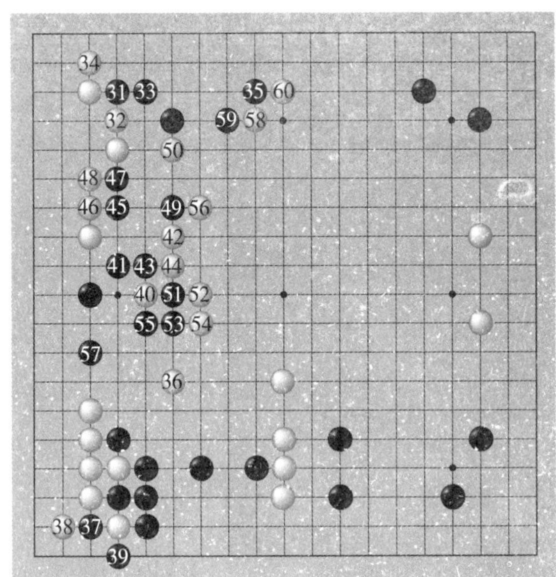

图2-19

为31~60手

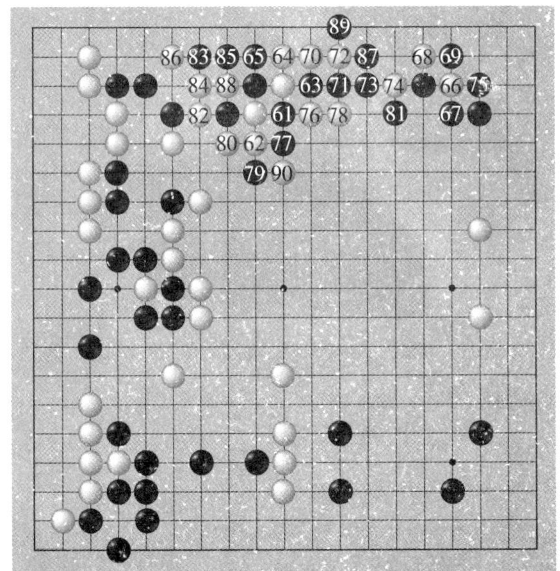

图2-20

为61~90手

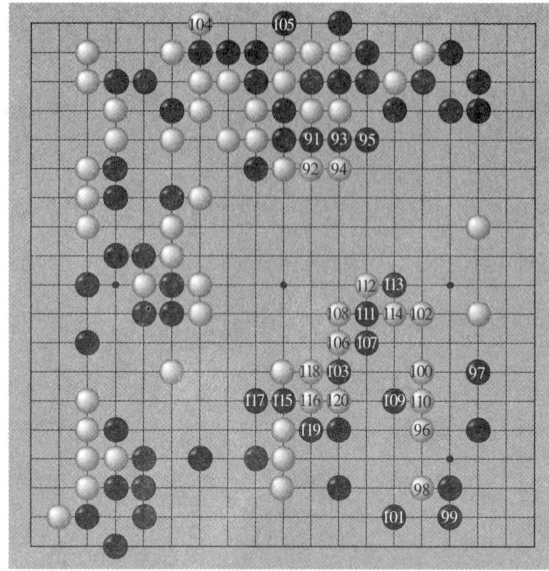

图2-21
为91～120手

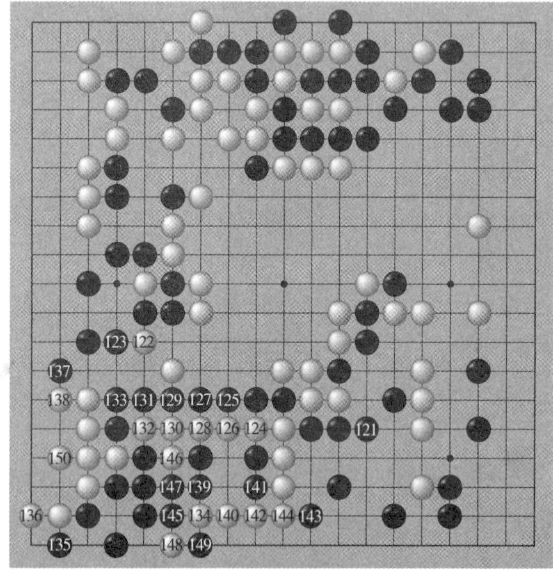

图2-22
为121～150手

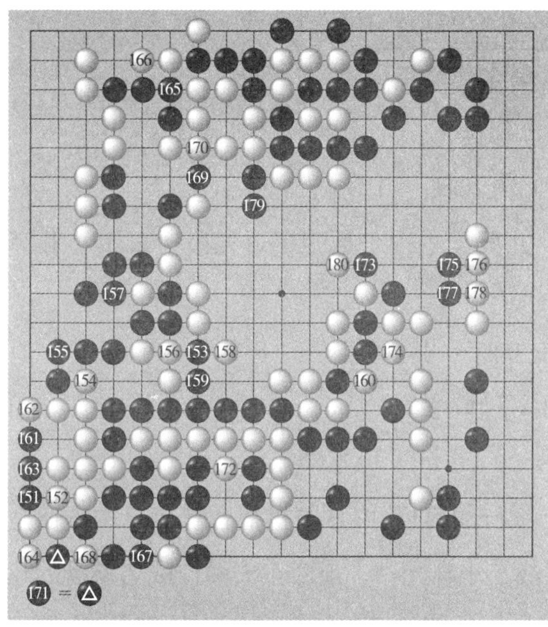

图2-23

为151~180手

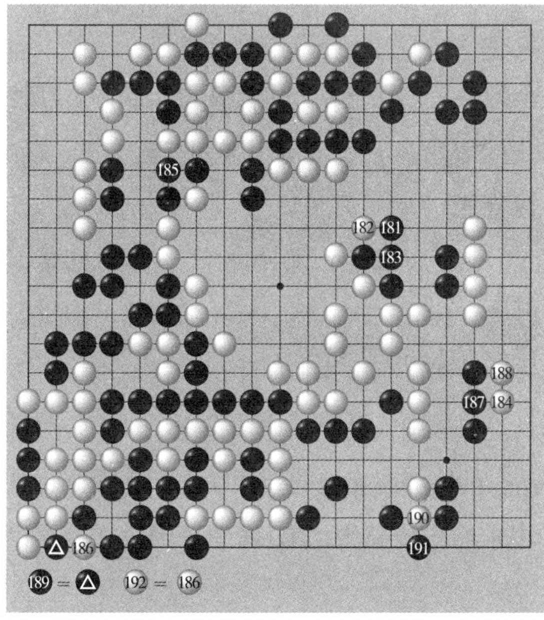

图2-24

为181~192手

10　第1届中日擂台赛最终局

时间：1985年11月20日

棋手：（先）九段（中国）聂卫平vs九段（日本）藤泽秀行

对局：黑贴2又3/4子，共245手

终局：黑3又3/4子胜

棋谱：图2–25

解说：1984年举行的第1届中日围棋擂台赛，日本方面全部派遣棋界精英出战，小林光一、加藤正夫两位威名赫赫的超一流棋手组成双保险，他们身后担任主帅压阵的则是6次获得日本棋圣战优胜的藤泽秀行先生，简直是志在必得。

中国方面则是由聂卫平、马晓春分别担任主、副帅。江铸久以5连胜在阵前杀败小林光一后，小林尽显超一流本色，以6连胜请出中方主帅聂卫平。

此时擂台赛在两国万众瞩目，邓小平曾亲自约见聂卫平，询问赛况并赠以“哀兵”二字。聂卫平东渡日本，以沉着冷静的心态和出众的大局观连克小林和加藤。

在北京举行的最终决战中，聂卫平执黑发挥了被大竹英雄九段誉为“天下一品”的厚势向实地的转化功夫，藤泽秀行虽然竭尽平生之力，也未能扭转局势，第1届中日围棋擂台赛以中国队大逆转获胜告终。

在第2届中日围棋擂台赛中，聂卫平再次上演神话，在以1对5的局面下连扳5局，使中国队再次大逆转获得胜利。第3届中日围棋擂台赛中，聂卫平在中日主帅决战中击败加藤正夫使得中国队获得3连胜。

这场擂台赛不仅成为整整一代中国棋手磨炼提高的最好场所，更使中国围棋爱好者的数量成几何级数的增长，而赛后在人民大会堂举行闭幕式，这也是此前任何体育项目也未曾获得过的殊荣。

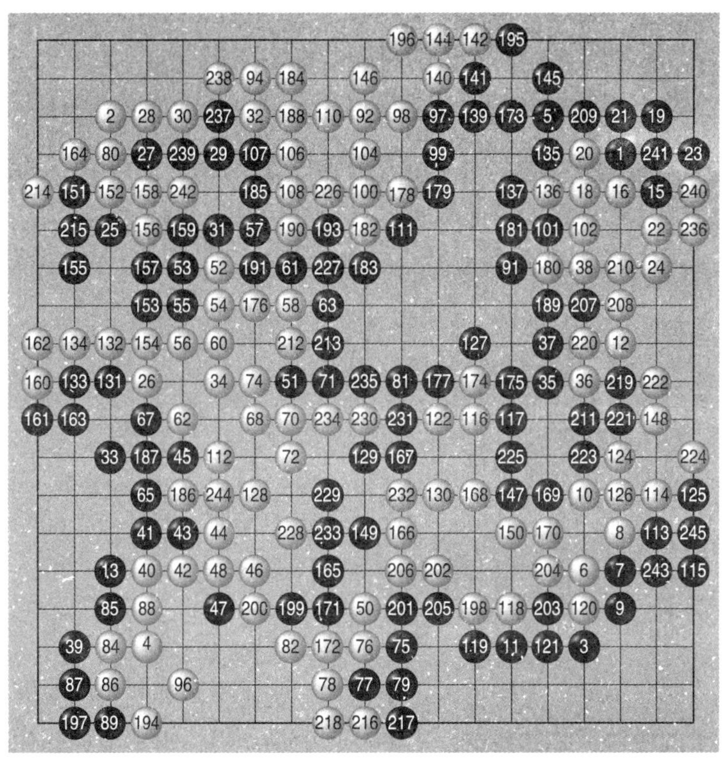

图2-25

11 日本第13届棋圣战第1局

时间：1988年7月12日

棋手：（先）九段（日本）小林光一vs九段（日本）加藤正夫

对局：黑贴5目半，共179手

终局：黑中盘胜

棋谱：图2-26 至图2-31

解说：小林光一是日本著名围棋棋手。在他13岁时，就拜入木谷实门下学弈，成为木谷七大弟子之一。在木谷道场里，小林属于勤奋型的学徒。

1967年小林光一即成为职业初段，而此时距他学棋的时间也不过5年多，进步速度之快让人吃惊；同年他晋级二段，1970年五段，1972年六段，1974年七段，1977年八段，1979年晋升九段。他的棋风以攻击锐利、形势判断精确见称，创有流行一时的“小林流布局”。

小林光一凭着扎实的功底，稳定的发挥，曾经获得60个头衔，为日本围棋头衔获得数纪录排行榜第3名。

本局就是小林光一全盛时期的杰作之一，面对战斗力强大的“职业杀手”加藤正夫，小林光一既注重实地和布局速度，又步调快捷、坚实稳重，于平淡之中见功夫，牢牢地控制住了局面，最终赢得胜利。

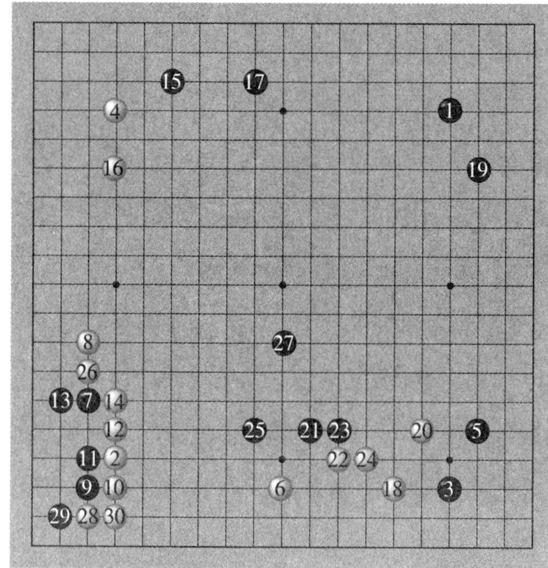

图2-26
为1~30手

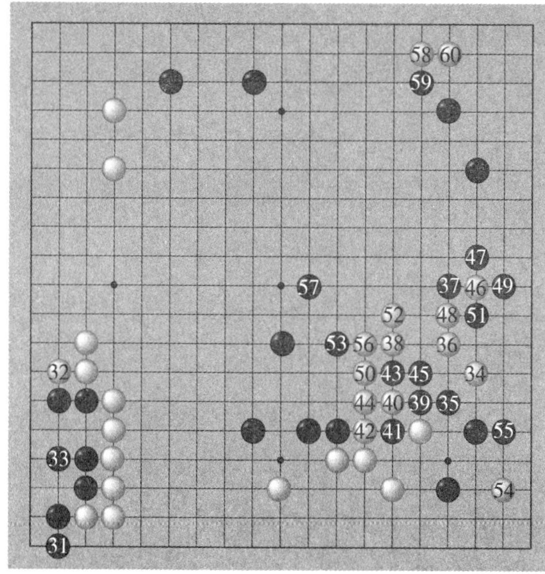

图2-27
为31~60手

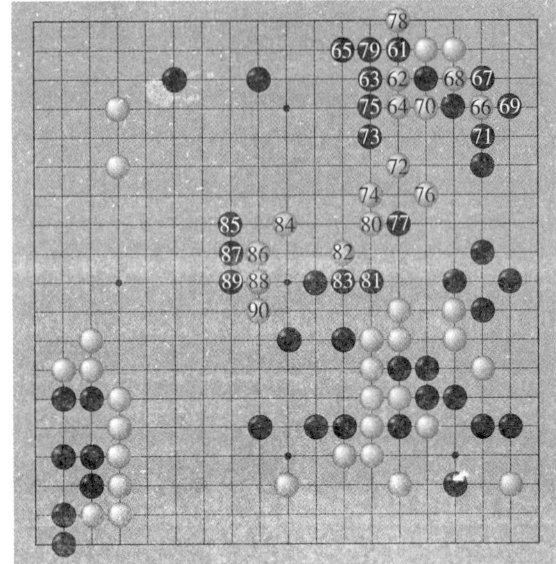

图2-28
为61~90手

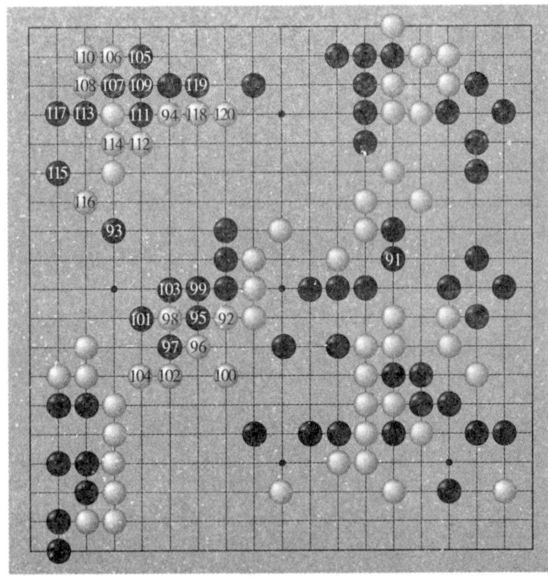

图2-29
为91~120手

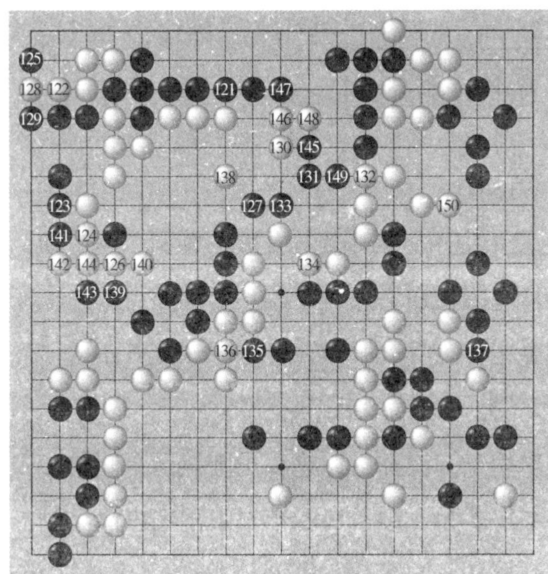

图2-30

为121~150手

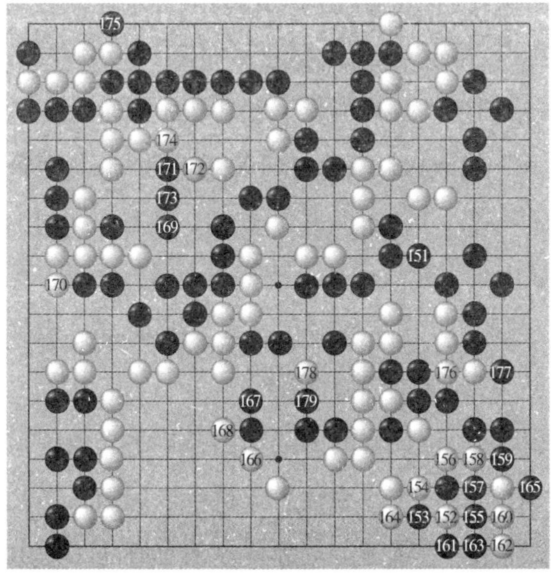

图2-31

为151~179手

12 第2届“富士通杯”第2轮

时间：1989年4月3日

棋手:（先）九段（中国）刘小光vs九段（韩国）赵志勋

对局：黑贴5目半，共225手

终局：黑中盘胜

棋谱：图2-32 至图2-39

解说：刘小光出生于河南开封，是我国围棋国手。他1982年被定为六段，1985年升为八段，1988年被中国围棋协会授予九段。

刘小光13岁学棋，14岁进集训队，获第1届“友情杯”冠军，获1980年、1990年两届全国个人赛冠军，获1986年“国手战”冠军，获首届中国名人战挑战权，获两次中国个人赛冠军，获第10届“天元”挑战权，获第11届名人战挑战权，获第5届“富士通杯”赛第3名，第3届棋王赛第2名，获首届中国王位赛冠军，获第6届中日天元战优胜，获首届中国男女双人赛冠军，获1997年“交通杯”国手邀请赛冠军，获第8届“宝胜电缆杯”赛冠军，进入第3届世界公开赛8强。

刘小光九段是我国一位优秀的力战型围棋棋手。他的棋风彪悍善战，与人对局时，常常会让人觉得难以招架，因此有“天煞星”“大力神”“重锤”等绰号。他著有《“天煞星”——刘小光自战百局》一书。

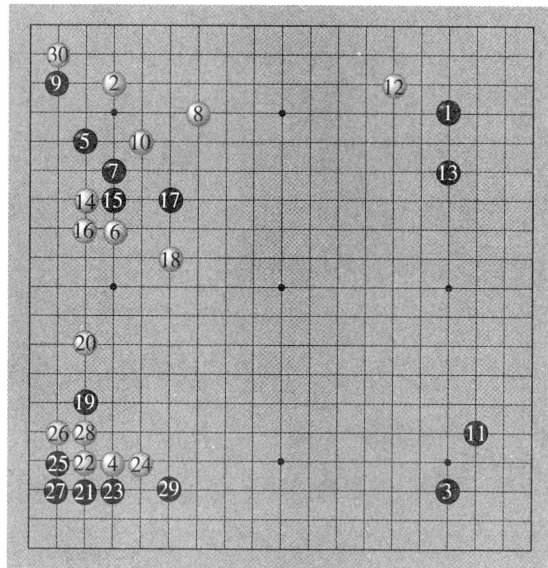

图2-32

为1~30手

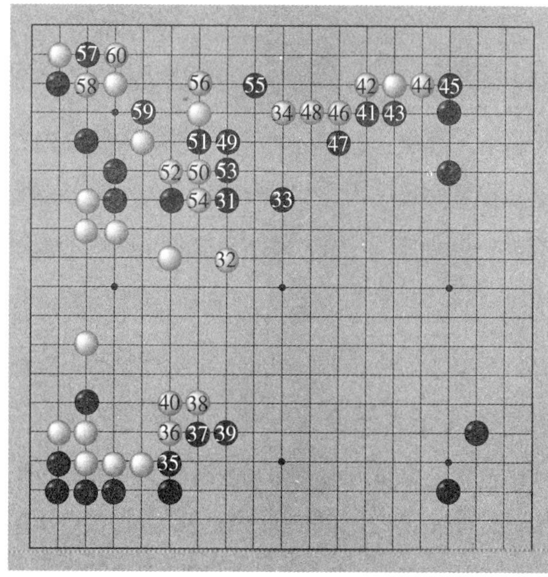

图2-33

为31~60手

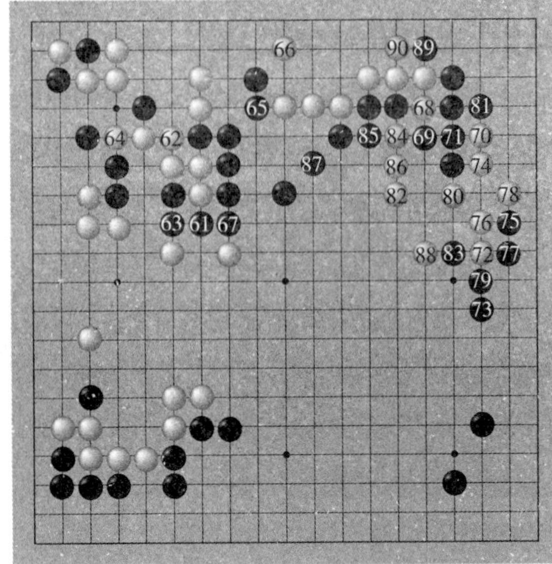

图2-34
为61~90手

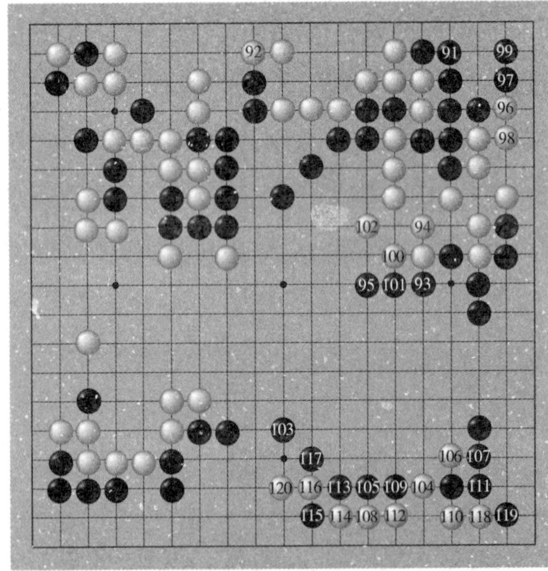

图2-35
为91~120手

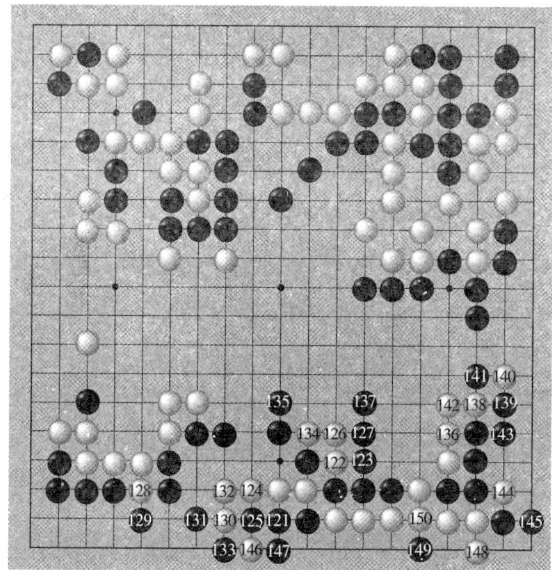

图2-36

为121～150手

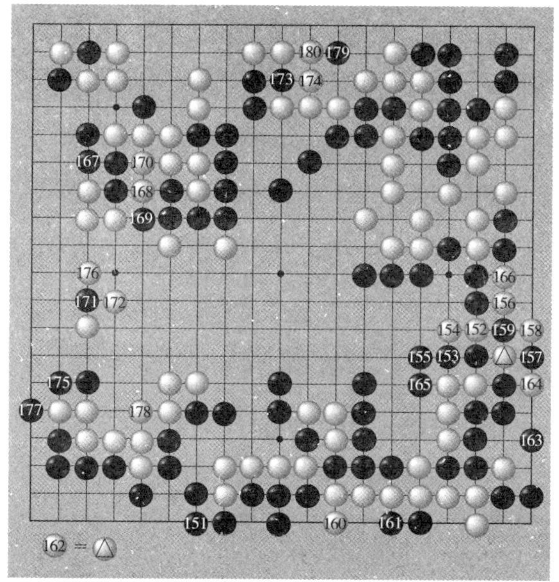

图2--37

为151～180手

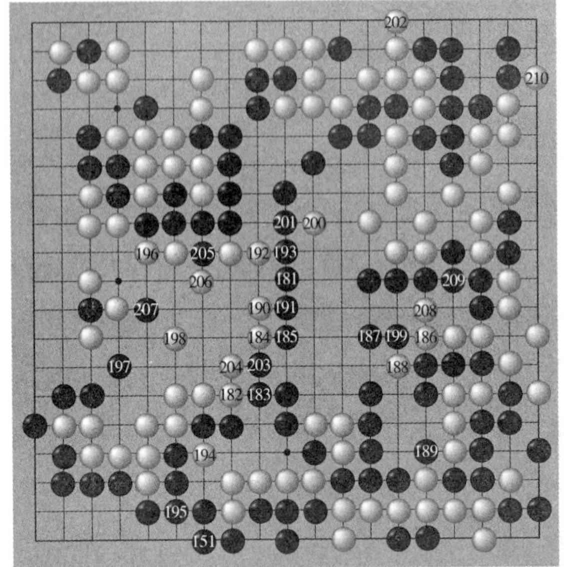

图2-38
为181~210手

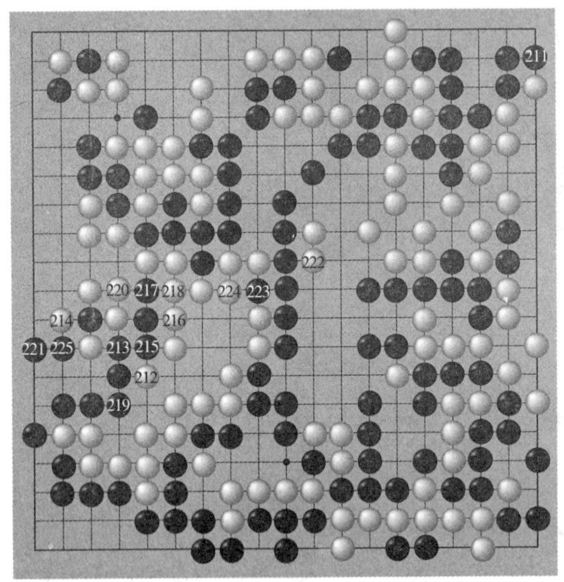

图2-39
为211~225手

13 第1届“应氏杯”决赛第5局

时间：1989年9月5日

棋手：（先）九段（韩国）曹薰铉vs九段（中国）聂卫平

对局：黑贴8点，共318手

终局：黑1点胜

棋谱：图2-40

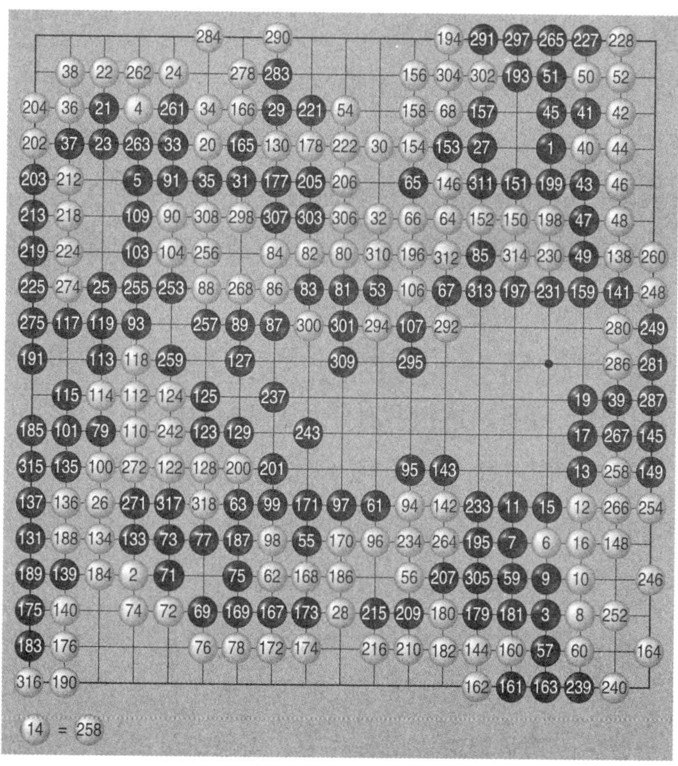

图2-40

解说：在20世纪80年代末期，随着聂卫平在中日围棋擂台赛上神话般的11连胜，他本人的声望和中国围棋的水平都有了空前的提高，也极大地提高了中国的声誉。

在此时期，中国台湾的爱国企业家应昌期先生激动不已，他慷慨出资举办了冠军奖金高达40万美元的“应氏杯”围棋赛，期望能由“中国人夺取中国人办的比赛的冠军”。

聂卫平不负众望，他一路杀进决赛，最后他的对手是韩国棋手曹薰铉。因为此时韩国整体围棋水平较低，赛前预测压倒性地认为聂卫平将大获胜利。

五番胜负前3局中，聂卫平2：1领先。但是在本局中，双方争夺空前激烈，聂卫平在前半盘占有一定优势，白140手下出被称为“现代围棋史上悲剧性的随手”，局势从此倒向黑方，最终全局鏖战318手，白棋差1枚劫材无法打赢最后的单劫，被黑棋粘劫后以1点之差败北。

此后的第5局，聂卫平状态全无，中盘速败。曹薰铉夺取了“应氏杯”冠军，达到了他个人成就的顶峰。

曹薰铉回国时，在机场受到了民族英雄式的欢迎，并获韩国文化勋章。韩国骤然掀起围棋热潮，众多天才棋手纷纷涌现，为后来韩国成为围棋强国奠定了基础。

从此，聂卫平的职业生涯开始走下坡路，终其一生也未获得世界冠军，中国围棋陷入了长时间的低迷状态。聂卫平本人在十余年后回顾本局时，他称之为“人生中最遗憾的一局”。

14 第4届“富士通杯”半决赛

时间：1991年7月6日

棋手：（先）九段（中国）钱宇平vs九段（日本）小林光一

对局：黑贴5目半，共183手

终局：黑中盘胜

棋谱：图2-41 至图2-46

解说：钱宇平出生于上海，是我国著名围棋棋手，中国棋院围棋九段。他的棋风浑厚扎实、后发制人，被棋坛冠以“钝刀”的别称。

1988年至1991年可谓是钱宇平的“黄金期”，或叫“火山爆发期”。他先后获得了“CCTV杯”快棋赛冠军、中国个人赛冠军、中国围棋棋王赛冠军等多项桂冠，并在第5届中日围棋擂台赛上连胜日本坂田荣男九段和擂主武宫正树九段，为中国队夺取了最后的胜利。

钱宇平也是被公认的围棋高手中最刻苦的一个，他平均每天研究棋谱超过10个小时，绰号“打谱机”。每次在重大比赛前夕，“打谱机”都要超负荷运转。

曹大元和另一围棋手王元回忆，钱宇平为了研究棋谱，准备大赛，有过连续七八天甚至两周不怎么睡觉的经历，到最后想睡的时候，却根本睡不着了，“头疼得像要裂开”。

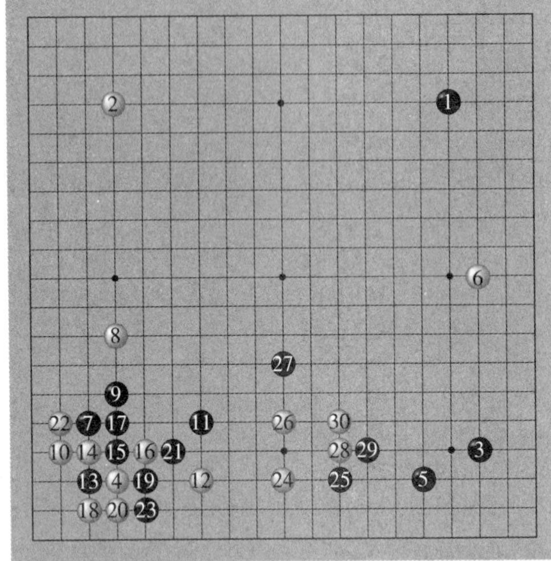

图2-41
为1~30手

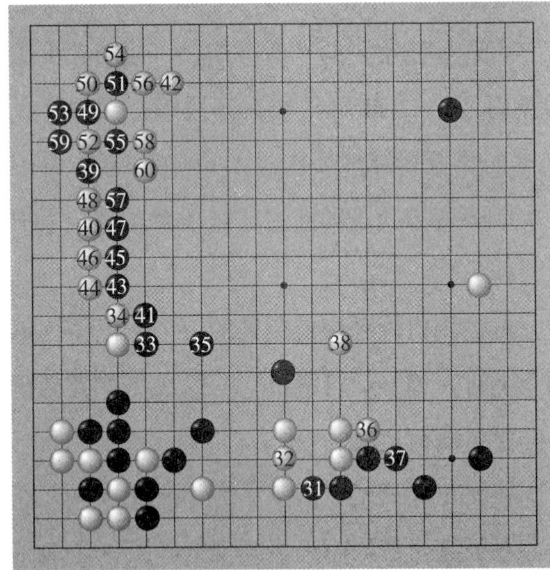

图2-42
为31~60手

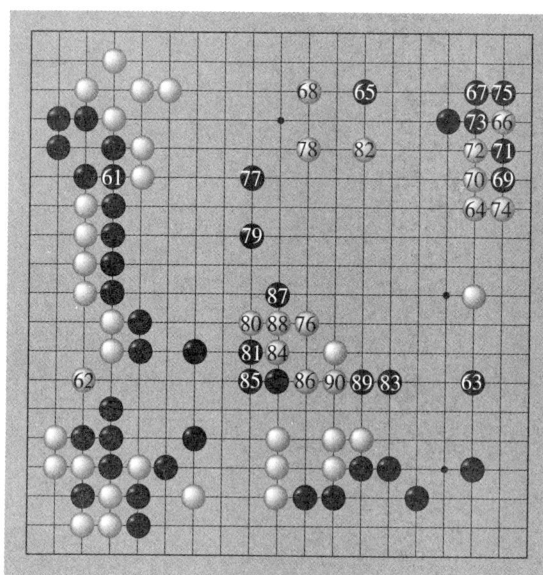

图2-43

为61~90手

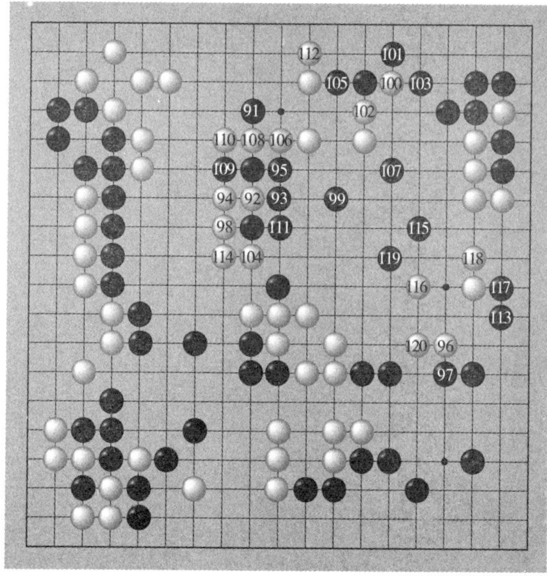

图2-44

为91~120手

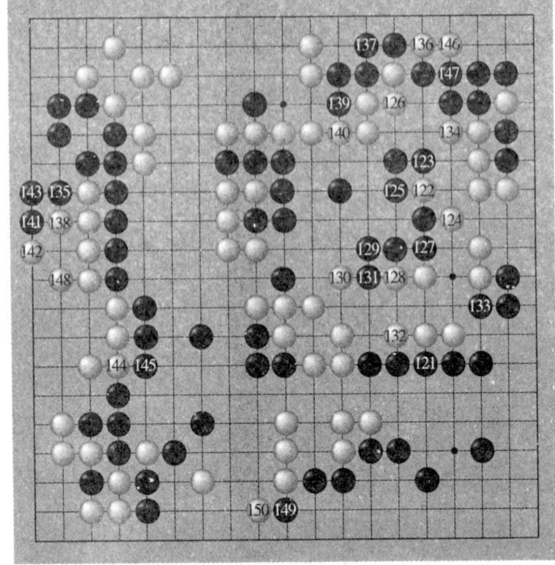

图2-45
为121~150手

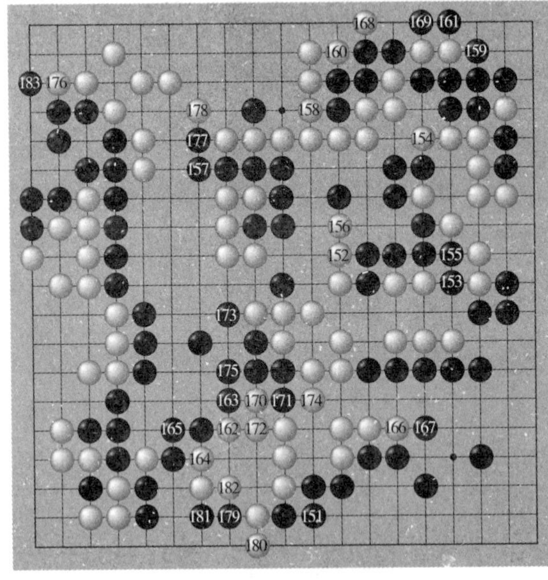

图2-46
为151~183手

15 第2届“应氏杯”第5局

时间：1993年5月20日

棋手：（先）九段（韩国）徐奉洙vs九段（日本）大竹英雄

对局：黑贴8目，共219手

终局：黑中盘胜

棋谱：图2-47 至图2-53

解说：徐奉洙外号“不死鸟”，世界超一流棋手。他1970年成为职业初段棋手，1976年升入五段，1983年晋升八段，1986年成为韩国第4位职业九段棋士。他与李昌镐、曹薰铉、刘昌赫合称“韩国棋坛四大金刚”。他获1992年第2届“应氏杯”冠军，在1997年“真露杯”上演9连胜奇迹，获1999年“LG精油杯”冠军，获2017年“樟树·中国药都杯”中日韩围棋大师赛冠军。

徐奉洙的棋风自成一格，和赵南哲、曹薰铉等受过日本影响的棋手不同，他完全是自学成材，其棋风自由，擅长野战搏杀，因此得到了“野草”的绰号。

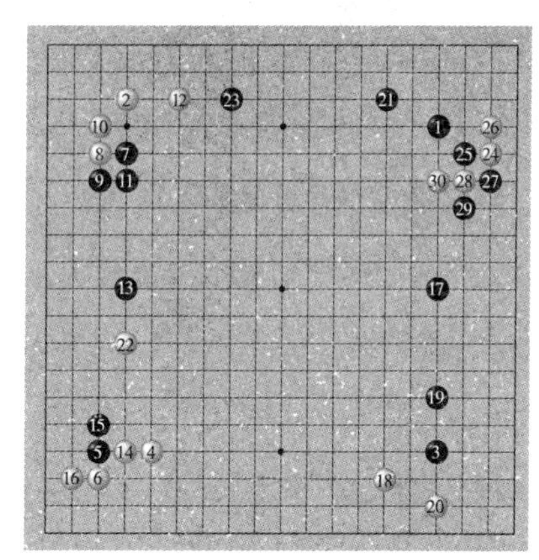

图2-47为1～30手

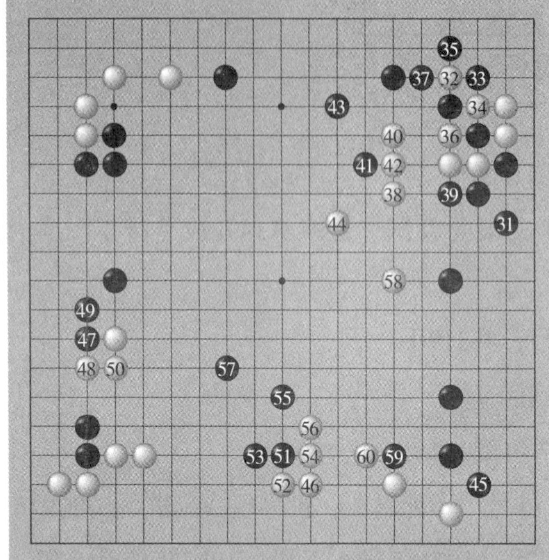

图2-48

为31~60手

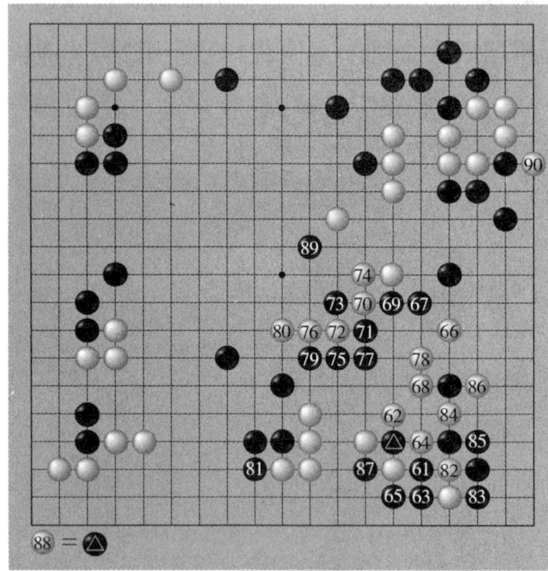

图2-49

为61~90手

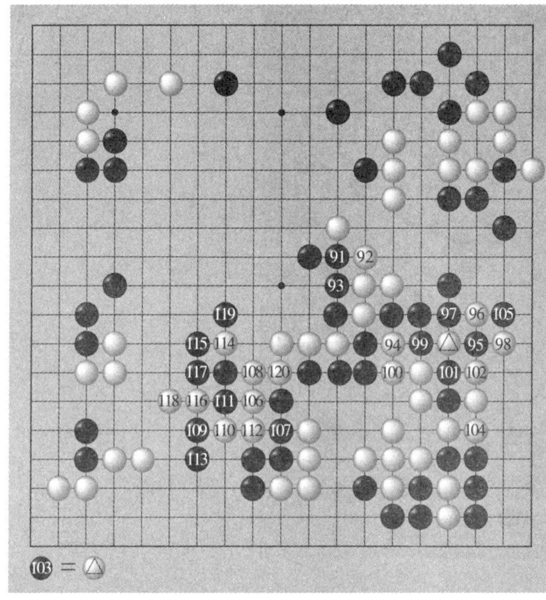

图2-50

为91~120手

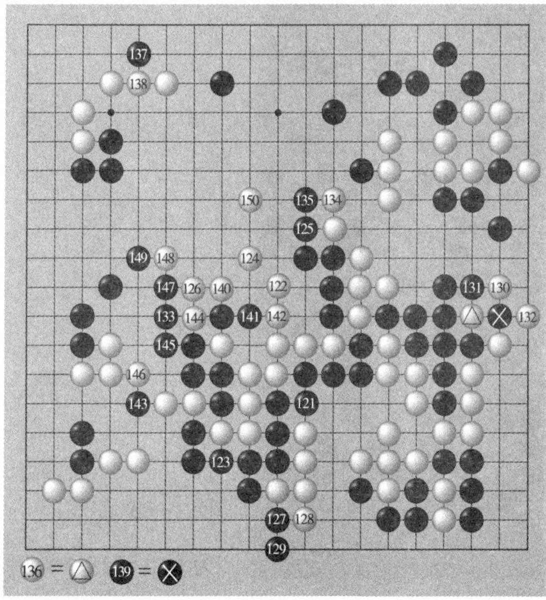

图2-51

为121~150手

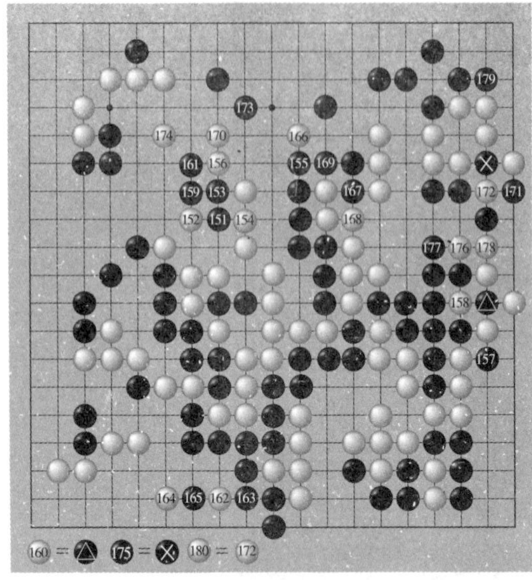

图2–52

为151~180手

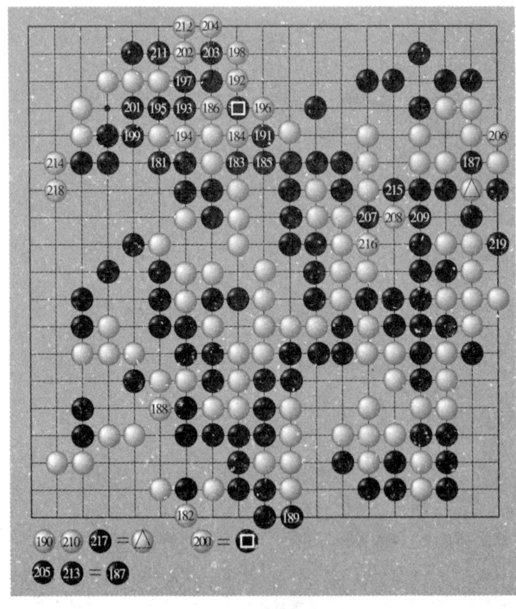

图2–53

为181~219手

16 第6届“东洋证券杯”第5局

时间：1995年3月24日

棋手：（先）九段（中国）马晓春vs九段（韩国）曹薰铉

对局：黑贴5目半，共281手

终局：黑20又1/2目胜

棋谱：图2−54

解说：1995年3月，中国棋手马晓春挟中日名人战击败小林光一之威名，在“东洋证券杯”半决赛中与刚刚达到世界冠军大满贯的“围棋皇帝”曹薰铉相遇。

在此时期，中国围棋已经历数年的低迷，而韩国的曹薰铉、李昌镐、刘昌赫、徐奉洙“四大天王”势头正盛，在棋界创造了许多神话，简直不可一世。

前两局双方各胜1局，第3局马晓春执黑再次祭出得意的星无忧角布局，在上边到中腹的作战中治孤，攻击进退，弃取自如，利用曹薰铉对黑棋右上大龙的攻击失误，一举取得优势。

曹薰铉情急之下在劫争中再度失误，下边一块被黑棋吞入，极度懊悔自责的曹薰铉罕见地在大差距的局面下不认输，并坚持到数目，以20目半大败。

与此同时，聂卫平也在另一场半决赛中战胜日本山城宏九段，与马晓春会师决赛。这样，中国围棋终于获得了第一个世界冠军。马晓春再接再厉，不仅在决赛中3：1击败聂卫平夺冠，而且在下半年的“富士通杯”中连克林海峰、赵治勋、小林光一等超一流棋手，一年之内两次问鼎世界冠军。

中国围棋继擂台赛后的又一个高峰到来了，围棋爱好者人数再次出现飞跃增长。而曹薰铉虽未从此沉沦，但是开始缓慢地走上了下坡路，其地位逐渐也被他那位惊才绝艳的弟子取代了。

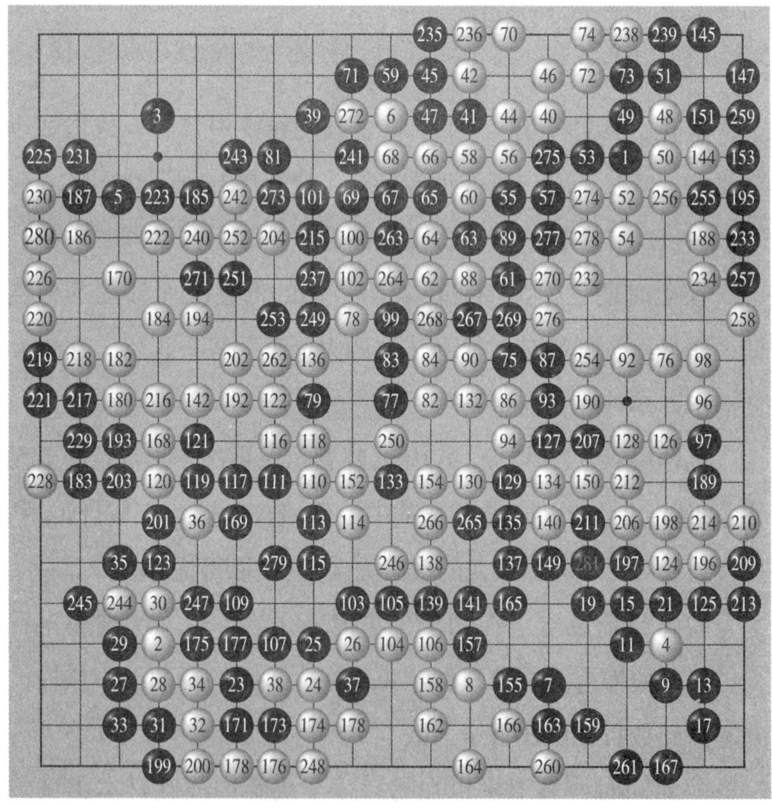

图2–54

17 第7届"东洋证券杯"第3局

时间：1996年3月18日

棋手：（先）九段（中国）马晓春vs七段（韩国）李昌镐

对局：黑贴5目半，共227手

终局：白半目胜

棋谱：图2-55

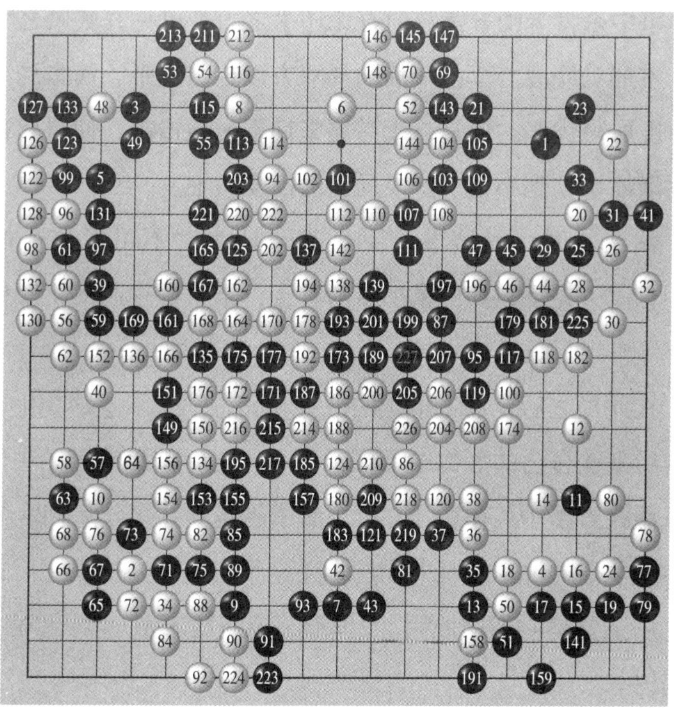

图2-55

解说：作为20世纪最后的王者和21世纪初的王者李昌镐，他的名字有时候甚至与吴清源的名字相提并论，他在创造不可一世的过程中，最大的挑战无疑是和马晓春的数度争雄。在韩国棋界，将马晓春与李昌镐的数次争锋称为“20世纪后期最强的对决”。两人命运的转折点，特别是韩国以李昌镐秋风扫落叶般夺取世界冠军为背景并称霸世界的开始，就是本局棋。

本届“东洋证券杯”，马晓春再次以2：1击败曹薰铉进入决赛。另一方面，李昌镐早已在1992年“东洋证券杯”中以3：2战胜林海峰，成为史上最年轻的世界冠军，并且在韩国国内赛事中杀得老师曹薰铉简直无还手之力，可见其威风之势。

本届马晓春与李昌镐前两局双方以1：1战平，而本局马晓春一度取得优势。但是，李昌镐坚韧不拔地追赶，使得双方差距逐渐缩小，到小官子阶段局面已极度微细。

就在此时，马晓春犯下后来自认为“不可思议”的错误，忘记了先手破掉白棋一目的官子，结果被李昌镐机敏地逆收，黑棋半目负已成定局。

在此局之后，双方争雄的气势和心态发生了微妙变化，马晓春后来在自己的著作中承认：“本局之后，我已经无法再和李昌镐在官子中一争高下了。”而李昌镐则在多年后回顾与马晓春的争夺时说：“马九段的棋还是很出色，这一局之后多输了几局主要是心态的原因。”马晓春从此之后在世界比赛中再无建树。

18 第2届“LG杯”世界棋王赛决赛

时间：1998年3月18日

棋手：（先）九段（韩国）刘昌赫vs九段（日本）王立诚

对局：黑贴5目半，共183手

终局：黑中盘胜

棋谱：图2-56 至图2-61

解说：有着“玉面杀手”之称的韩国超一流棋手刘昌赫，同时也有着“世界第一攻击手”的美称。在20世纪90年代时，他便与李昌镐、曹薰铉、徐奉洙合称韩国棋坛“四大天王”。

刘昌赫的攻击不仅饱含力量，而且还能够与大局紧密结合。无论是在布局还是中盘，刘昌赫始终都能抓住对方的弱点，主动出击，从来不回避战斗。他的攻击是一种充满了弹性的“软”攻击，虽然经常是“刀光剑影”，但又绝非要一击致命不可。只要他的形势取得领先，他又会悄无声息地暗自收兵。“以攻为主，进退自如”可以说已经成为他独树一帜的技术风格。

刘昌赫在世界围棋大赛中战绩显赫，先后获得了第6届、第12届“富士通杯”世界围棋锦标赛冠军，第3届“应氏杯”世界围棋锦标赛冠军，第5届“三星杯”世界围棋锦标赛冠军，第3届“春兰杯”世界围棋锦标赛冠军，第6届“LG杯”世界棋王战冠军等多项桂冠。

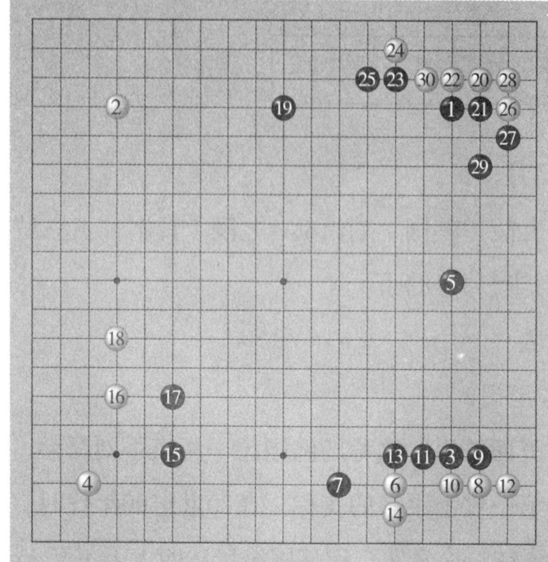

图2-56

为1~30手

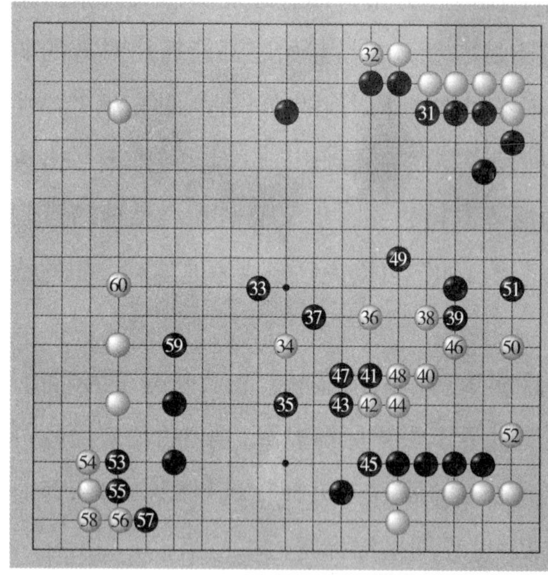

图2-57

为31~60手

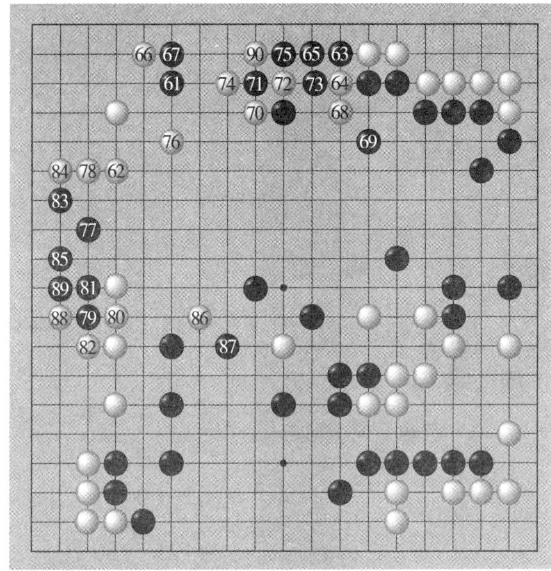

图2-58

为61～90手

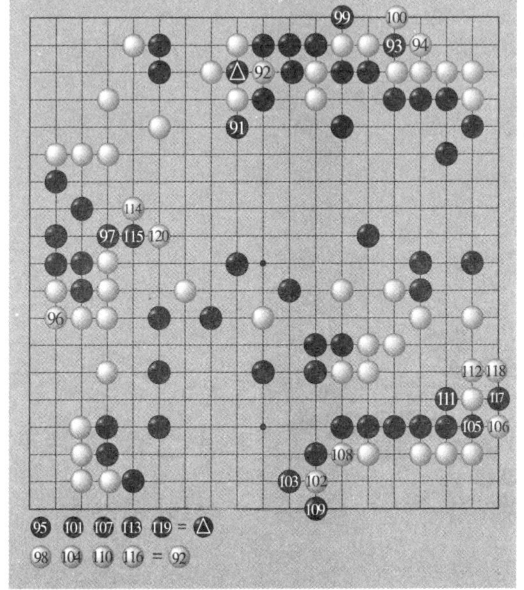

图2-59

为91～120手

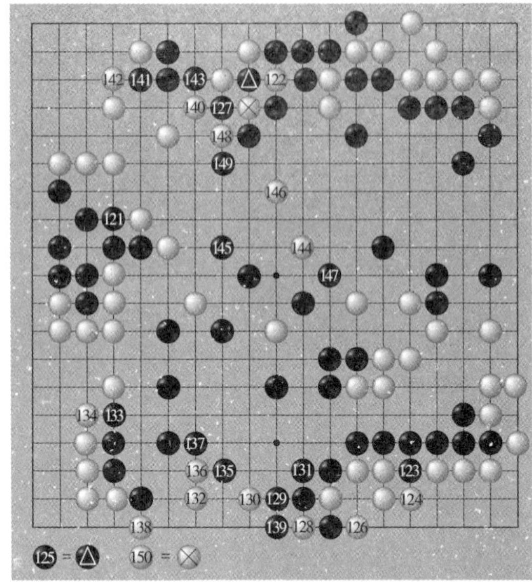

图2-60

为121～150手

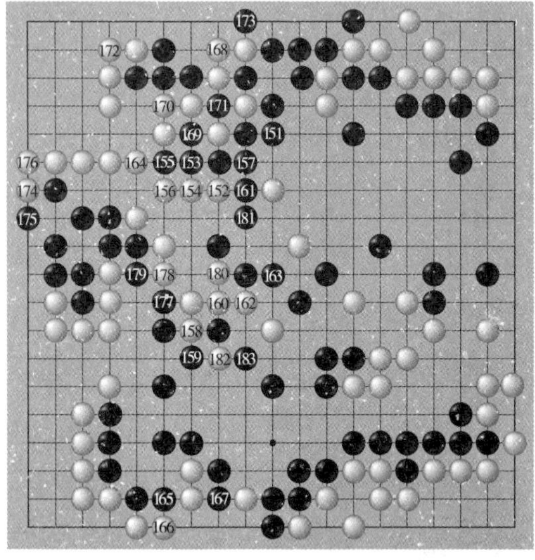

图2-61

为151～183手

19 第43届韩国国手战

时间：2000年2月21日

棋手：（先）九段（中国）芮乃伟vs九段（韩国）曹薰铉

对局：黑贴5目半，共199手

终局：黑中盘胜

棋谱：图2-62 至图2-68

解说：芮乃伟在1988年晋升为当时世界上唯一的女九段；1992年进入第2届“应氏杯”4强，创造了女子棋手在世界围棋大赛上的最好成绩。

芮乃伟于1990年赴日本，1993年成为围棋大师吴清源的弟子，同年获第一个女子围棋世界冠军，自此开始，10年中共夺得8次女子围棋世界冠军。她1999年加入韩国棋院，2000年击败李昌镐、曹薰铉夺得韩国围棋国手战冠军，成为第一个夺得重要棋赛冠军的女棋手，也是第一个在番棋中战胜男子高手的女棋手，轰动了世界棋坛，2011年回归中国围棋队。

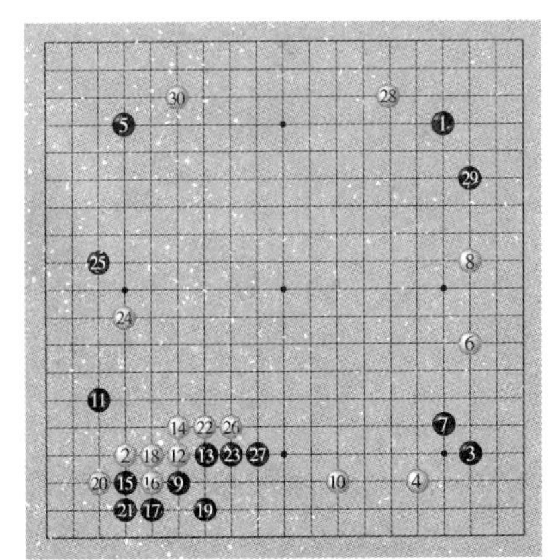

图2-62为1~30手

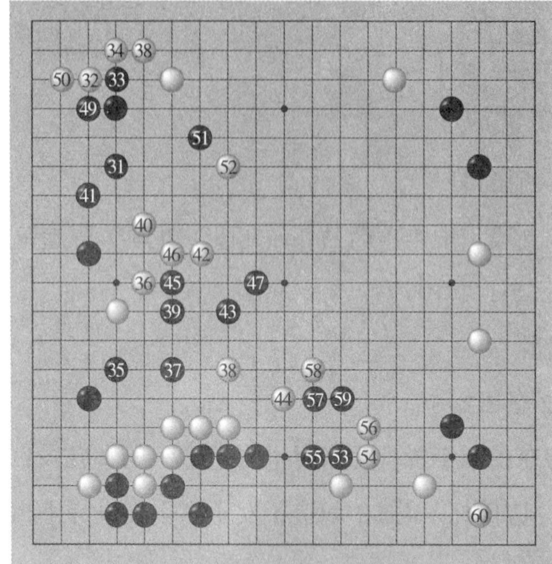

图2-63
为31~60手

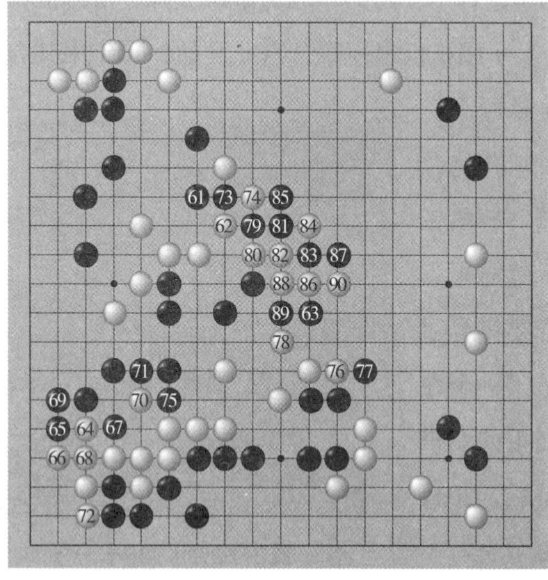

图2-64
为61~90手

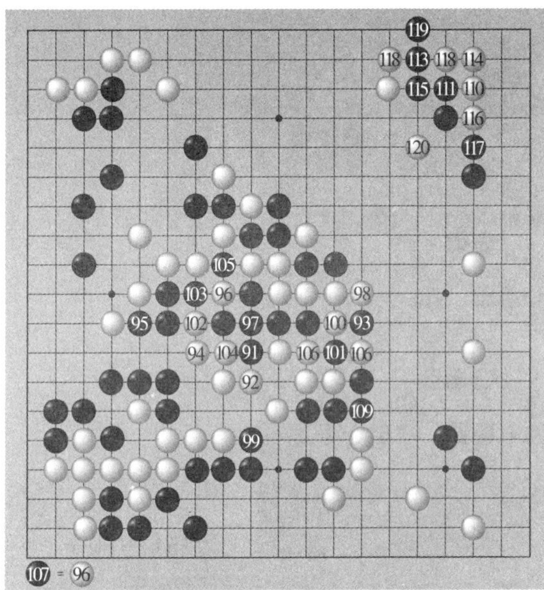

图2-65

为91～120手

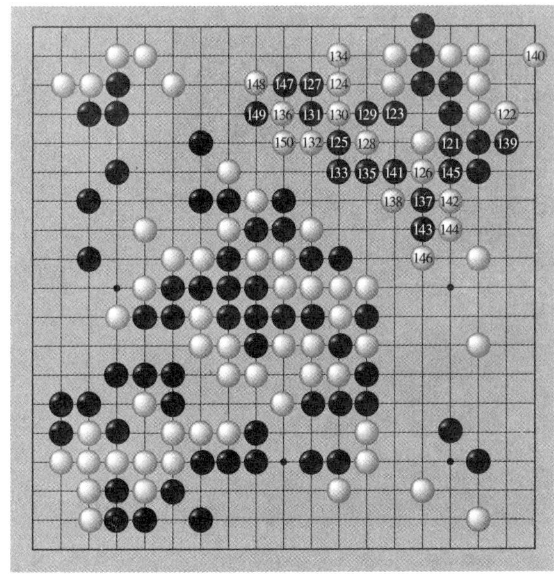

图2-66

为121～150手

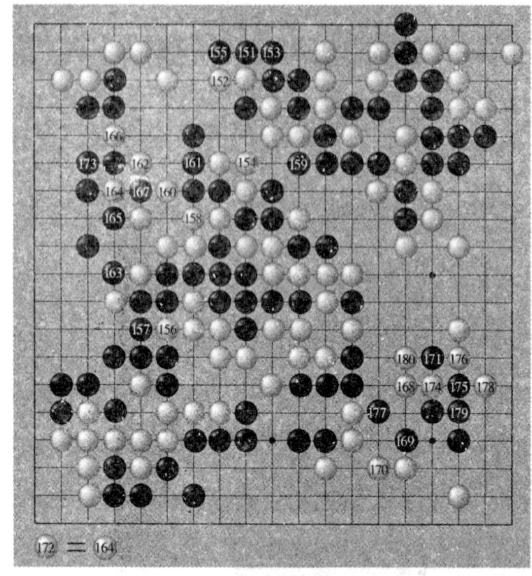

图2-67

为151~180手

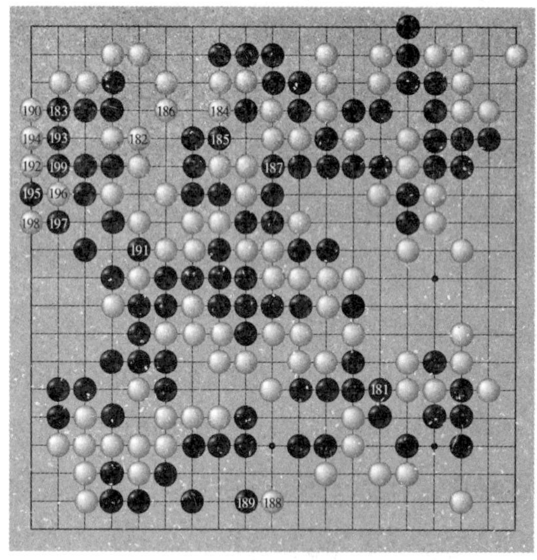

图2-68

为181~199手

20 第10届“三星杯”半决赛

时间：2000年5月10日

棋手：（先）九段（韩国）崔哲翰vs九段（中国）罗洗河

对局：黑贴6目半，共293手

终局：白胜5目半

棋谱：图2-69 至图2-78

解说：罗洗河，湖南衡阳人，是我国围棋九段国手。他师从马晓春九段，10岁时进入国家少年队，1989年定为初段，2002年升为九段。他被称为“天才棋手”，绰号“神猪”。

在2005年的第10届“三星杯”世界围棋公开赛中，罗洗河先后淘汰韩国的赵汉乘、宋泰坤、李世石，接着又在半决赛中战胜韩国棋手崔哲翰，之后更在2006年1月的决赛中，战胜素有“石佛”之称的韩国棋手李昌镐，获得冠军。在此前，李昌镐在世界围棋比赛的番棋决赛中称霸时间长达14年之久。而罗洗河终结了这段历史，并取得了自己的第一个世界冠军。

本局中，双方展开了激烈对杀，就在所有观战高手都以为对杀结果将是“三劫循环无胜负”的时候，罗洗河下出了白230这招暗蕴杀机的“试应手”，随后更是利用崔哲翰的判断失误，施展出一招“瞒天过海”之计，弃掉数十子的大龙，进而取得大胜。这一非比寻常的构想，出乎所有人意料，也使本局成了让人印象深刻的经典名局。

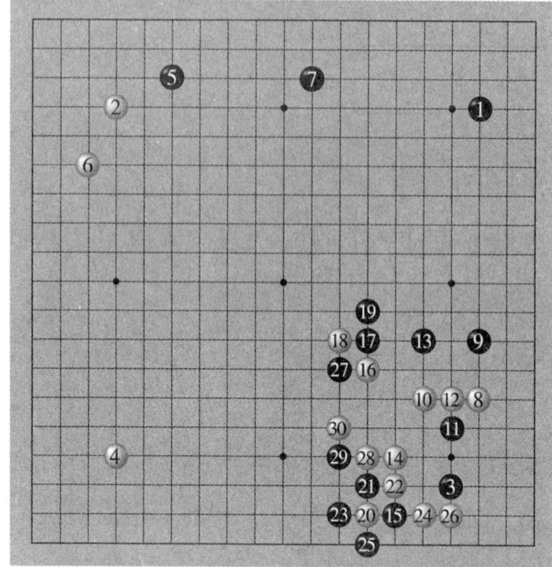

图2-69

为1~30手

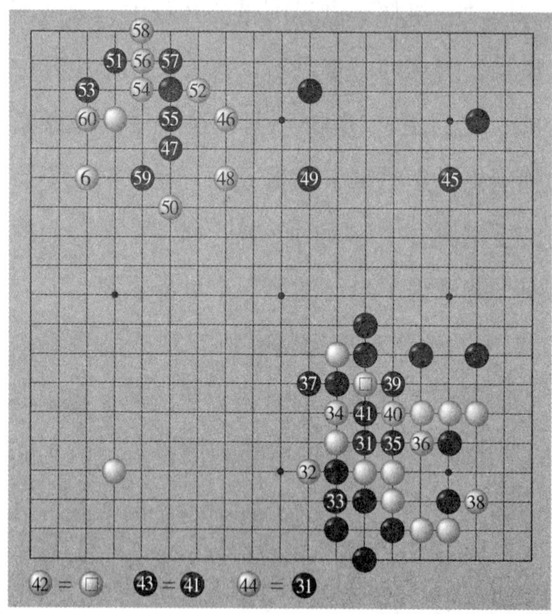

图2-70

为31~60手

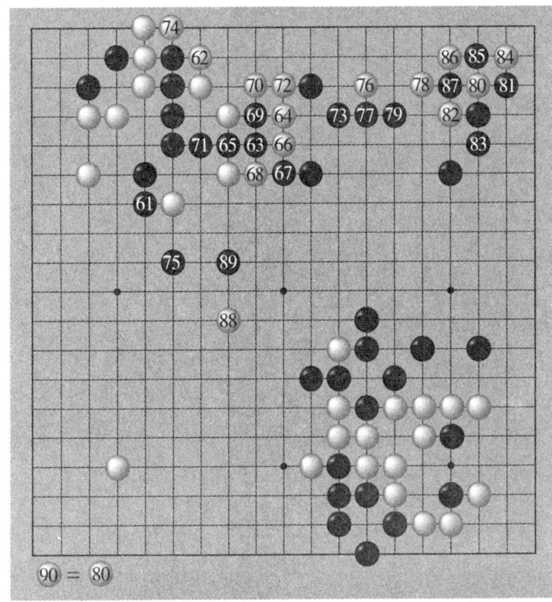

图2-71

为61~90手

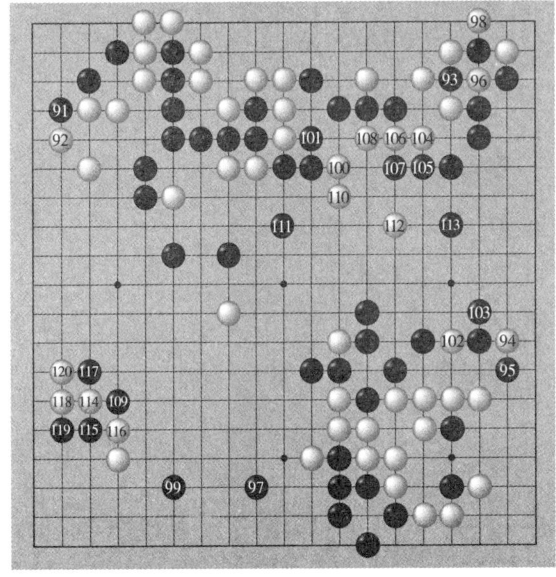

图2-72

为91~120手

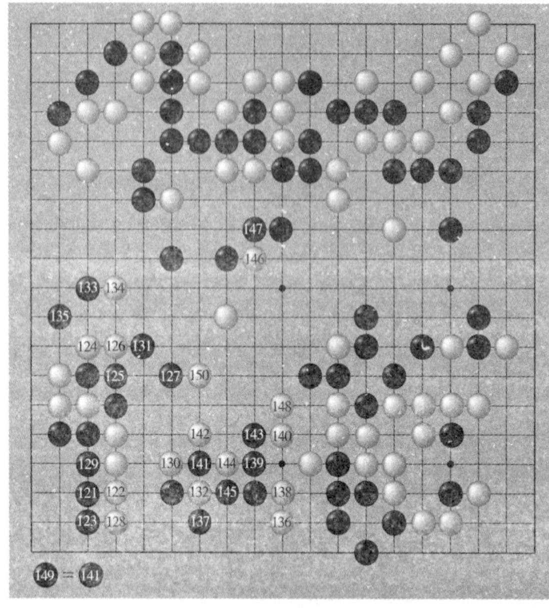

图2-73
为121~150手

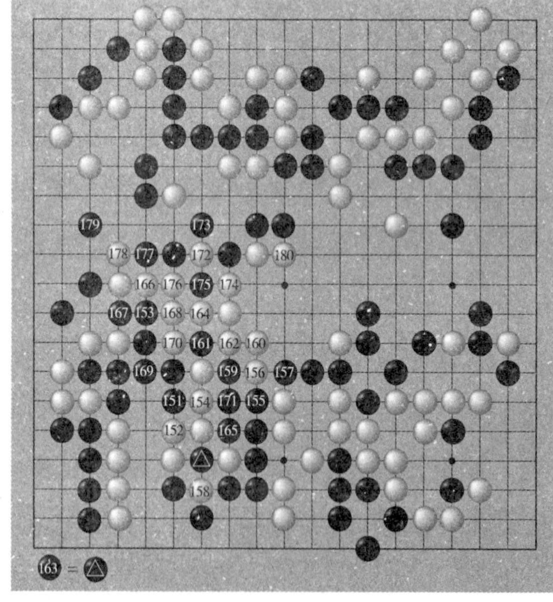

图2-74
为151~180手

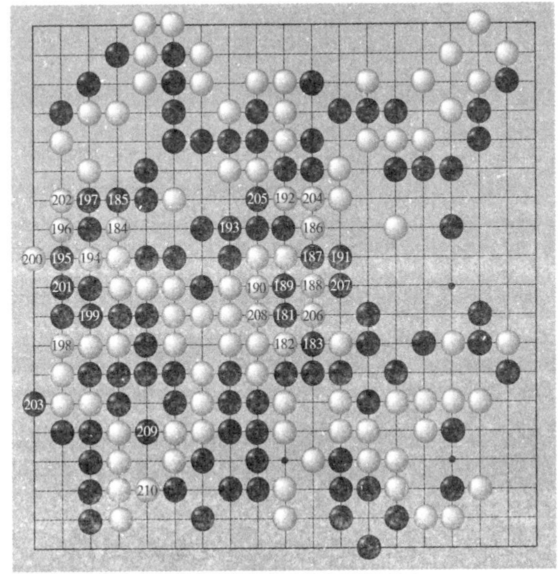

图2-75

为181~210手

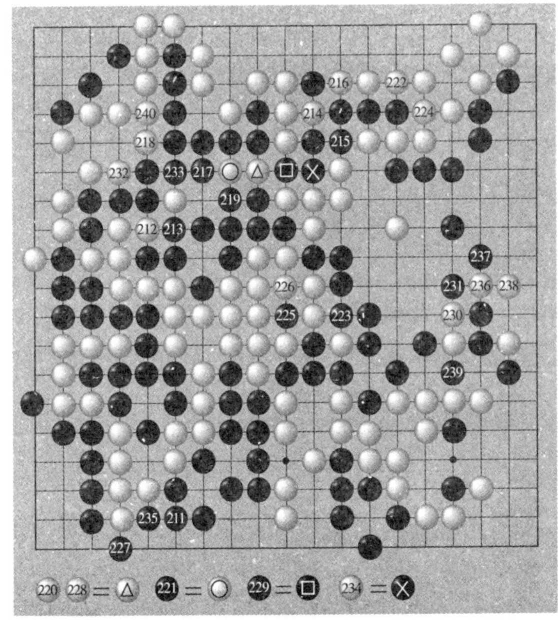

图2-76

为211~240手

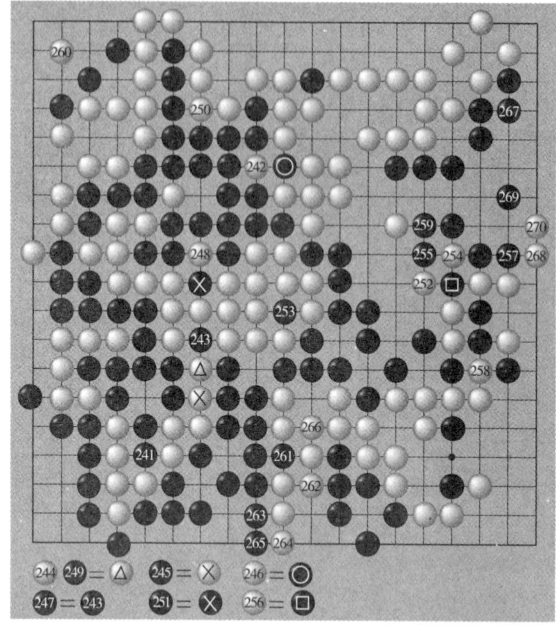

图2-77

为241~270手

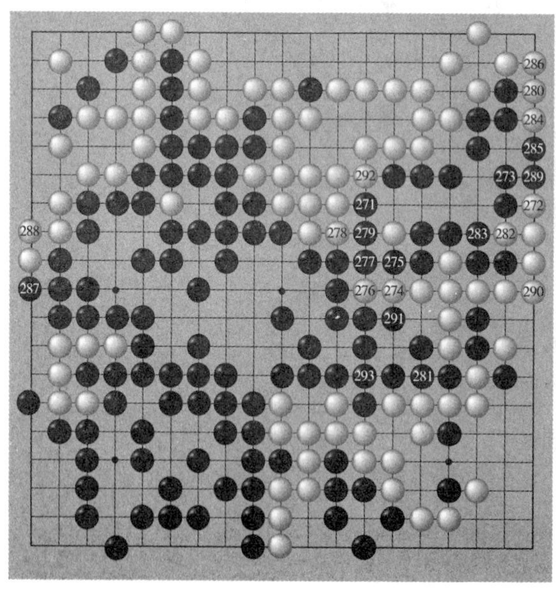

图2-78

为271~293手

21 第15届“富士通杯”决赛

时间：2002年8月3日

棋手：（先）九段（韩国）刘昌赫vs三段（韩国）李世石

对局：黑贴5目半，共263手

终局：白胜半目

棋谱：图2-79

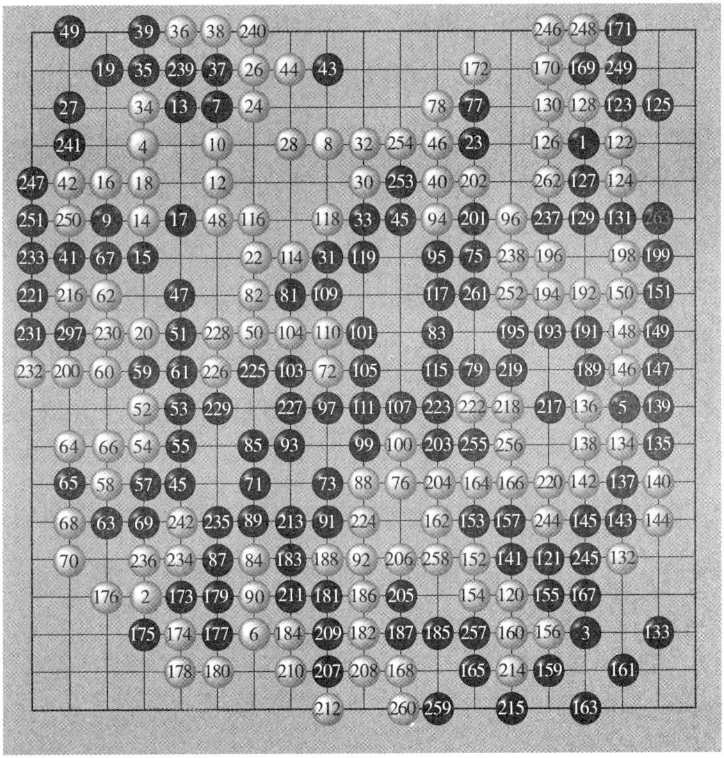

图2-79

解说：李世石，韩国著名围棋棋手，也是世界顶级围棋棋手。他1995年入段，1998年二段，1999年三段，2003年因获“LG杯”冠军直接升为六段，2003年4月获得韩国最大棋战“KT杯”亚军升为七段，2003年7月获第16届“富士通杯”冠军后直接升为九段，2006年、2007年、2008年荣获韩国围棋最优秀棋手大奖（MVP）。

2016年3月9日起，李世石与谷歌计算机围棋程序“阿尔法围棋”（AlphaGo）进行围棋人机大战。截至3月15日，李世石不敌人工智能“阿尔法围棋”，以总比分1：4落败。

2017年1月10日，“中国·保山 东骏药业杯”第5届世界围棋名人争霸战冠亚军决赛，在保山市永子棋院落下帷幕，韩国名人李世石九段，执黑中盘战胜了中国名人连笑九段，获得了冠军。

李世石是一名典型的力战型棋手，他善于敏锐地抓住对手的弱处，主动出击，以强大的力量击垮对手，他的攻击可以用“稳、狠、准”来形容，他经常能够在劣势的情况下完成逆转翻盘。

本局就是白方典型的以弱胜强之战。至263手，白棋以半目取胜，白右边作战的成功也是获得此局胜利的关键。

22 第5届“应氏杯”第4局

时间：2005年3月5日

棋手：（先）九段（中国）常昊vs九段（韩国）崔哲翰

对局：黑贴8目，共314手

终局：黑胜3点

棋谱：图2-80

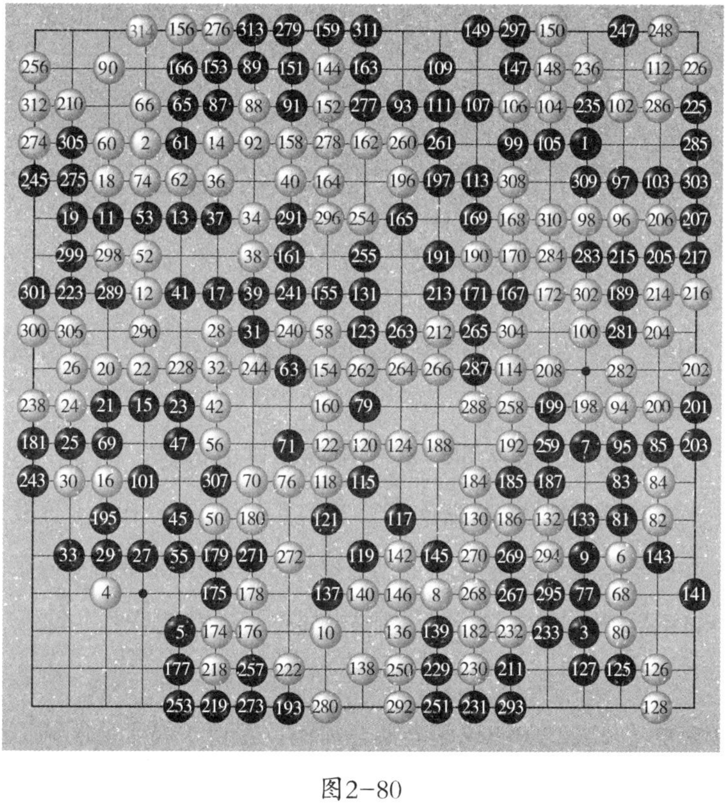

图2-80

解说：常昊，出生于上海，中国著名围棋棋手，他的棋风扎实稳重，大气磅礴。他与人对弈之时，常会让对方有一种面对“惊涛骇浪”却又“稳如泰山”之感。

在1986年的时候，年轻的常昊被定为初段，1994年他在中韩新锐对抗赛中取得两连胜。在第10届中日围棋擂台赛中，他连胜日本5员大将，为中国队取胜立下战功。接着他又于第11届中日围棋擂台赛6连胜结束比赛，成为中日围棋擂台赛的终结者。同时他还是第10~14届天元赛冠军、首届“乐百氏杯”围棋赛冠军、第3届“NEC杯”围棋赛冠军、第11届“富士通杯”亚军。

常昊1997年升为八段，1999年晋升九段，并连续获得“乐百氏杯”“天元”“CCTV杯”及首届棋圣赛冠军，成为“四冠王”。

在2005年第5届“应氏杯”世界职业围棋锦标赛决赛中，常昊以3：1的总比分战胜韩国的崔哲翰，荣获了属于自己的第一个世界冠军。

2006年“江原大世界杯”中韩围棋擂台赛，常昊作为副将，以4连胜的战绩结束比赛。2007年他又以2：0的比分战胜韩国的李昌镐，获得第11届“三星杯”世界围棋锦标赛冠军。2008年第9届“农心杯”三国围棋擂台赛，他再次作为副将，又一次以4连胜结束比赛。2009年6月第7届“春兰杯”决赛，他继续以一次2：0的战绩击败李昌镐，获得了属于他的第三个个人世界冠军。

23 第19届“富士通杯”决赛

时间：2006年7月3日

棋手：（先）九段（中国）周鹤翔vs六段（韩国）朴正祥

对局：黑贴6目半，共180手

终局：白中盘胜

棋谱：图2-81

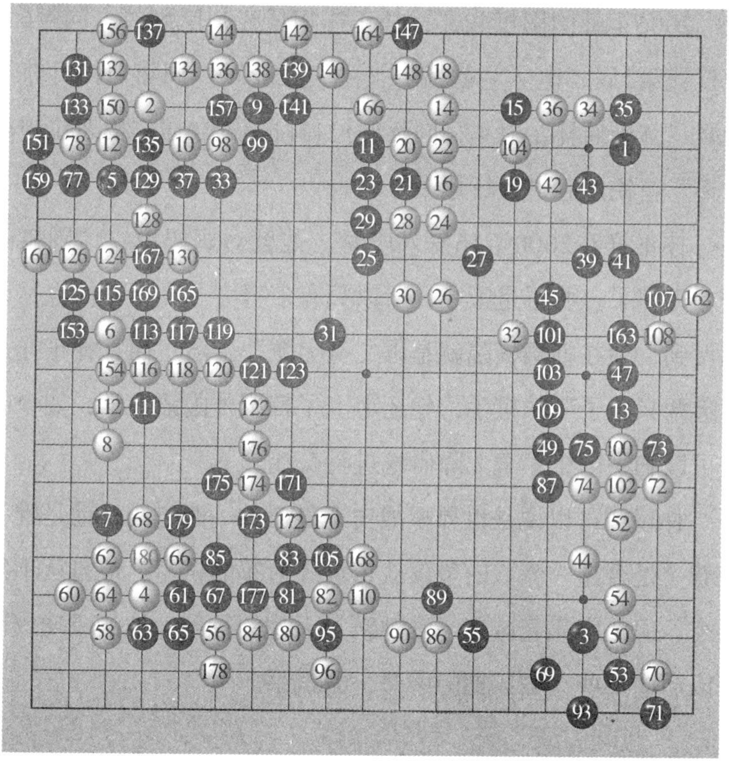

图2-81

解说：朴正祥，韩国围棋棋手。他2000年入段，2001年晋升二段，第6届“LG杯”世界棋王赛、第6届三星“火灾杯”8强，2002年晋升三段，第6届“SK嘎斯杯”新锐职业十杰战第4名。2004年韩国第8届“SK嘎斯杯”新锐职业十杰战决赛三番棋的最后一局棋，由安永吉五段对阵朴正祥四段。结果，朴正祥四段执黑175手中盘战胜安永吉五段，从而以2：1的总比分夺得十杰战的冠军，这也是朴正祥四段棋手生涯中的第一个冠军。

2006年韩国围棋联赛，朴正祥担任光州队副将，同年6月27日获第3届“电子兰德杯”王中王战亚军，同年7月3日获第19届“富士通杯”冠军，同年8月21日再获第6届“奥斯拉姆高丽杯”新锐连胜最强战冠军。

朴正祥在2000年16岁入段时，他就对妈妈说：“围棋的天才太多了。我不是天才，所以只有多努力。”朴正祥也是说到做到，他在韩国棋院就是以“努力派”出名。而且朴正祥是“追两只兔子”的棋手，他还考上了韩国外国语大学，如今已经可以和中国棋手毫无障碍地进行交流。

朴正祥可以说是世界棋战史上最黑的一匹黑马，他是唯一带着“是否超一流”的争议获得世界冠军的棋手。他自认不是天才，但是却靠着诚实与勤勉跻身天才的行列，他的成功或许可以启迪那些久被压抑的中坚一派棋手。

24 第13届“LG杯”世界棋王赛第1局

时间：2009年2月23日

棋手：（先）九段（中国）古力vs九段（韩国）李世石

对局：黑贴6目半，共163手

终局：黑中盘胜

棋谱：图2-82 至图2-87

解说：古力，出生于中国重庆，师从聂卫平，我国围棋职业九段棋手。他2006年在第10届“LG杯”世界棋王赛中，战胜陈耀烨夺得职业生涯第一个围棋世界冠军；2007年把“春兰杯”冠军首次留在中国；2008年成功终结了韩国“富士通杯”10连冠纪录；2009年在第4届“丰田杯”世界围棋王座战、第13届“LG杯”世界棋王赛、第1届“BC信用卡杯”世界围棋公开赛中3次夺得冠军；2010年12月10日在第15届“三星杯”世界围棋公开赛中夺得个人第七个世界大赛冠军；2015年6月3日在第10届“春兰杯”中再夺世界冠军，成就世界围棋“八冠王”。

古力和李世石在第13届“LG杯”世界棋王赛决赛狭路相逢，在这场世人瞩目的决战中，古力以暴制暴，以强大的计算力和高昂的气势2∶0战胜韩国第一高手李世石，赢得了这场被韩国媒体称为“四千年第一战”的对决，自此登顶世界围棋的巅峰。

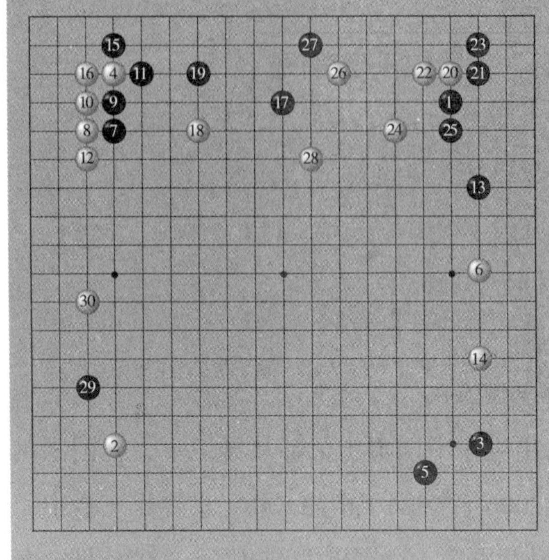

图2-82

为1~30手

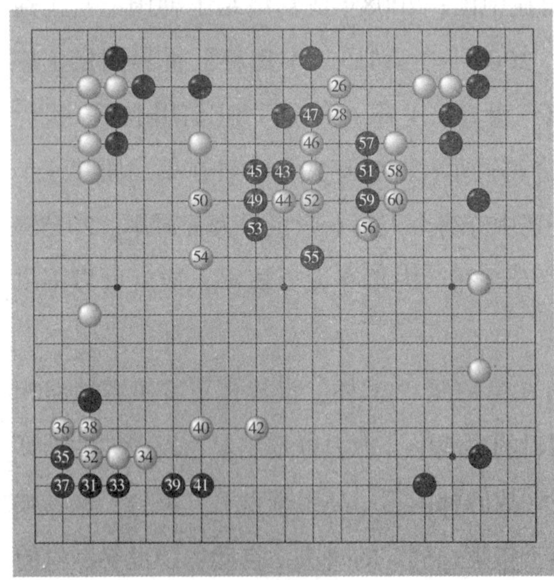

图2-83

为31~60手

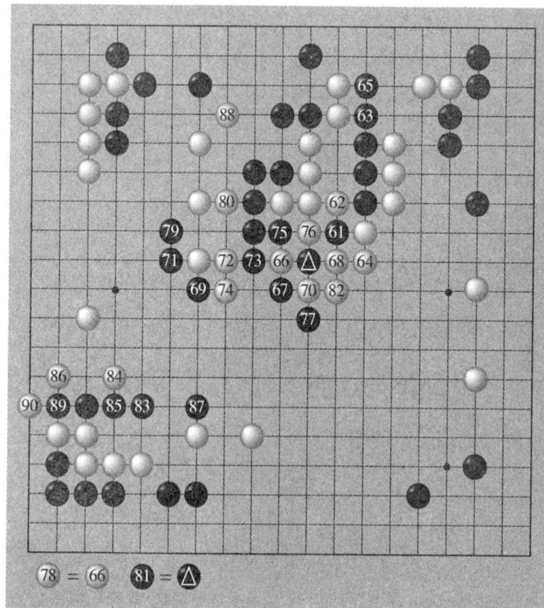

图2-84

为61~90手

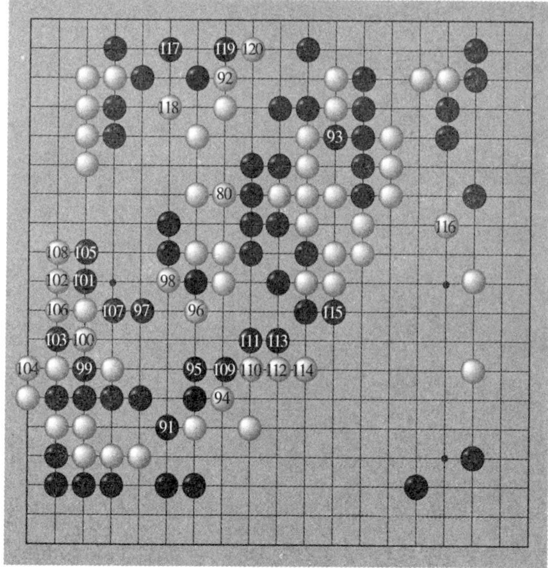

图2-85

为91~120手

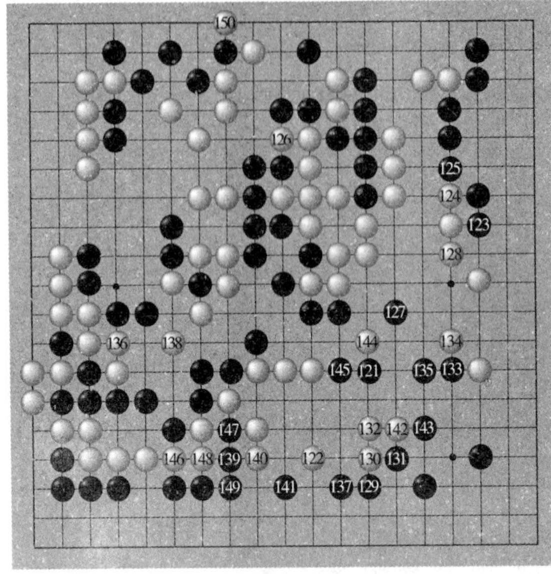

图2-86

为121~150手

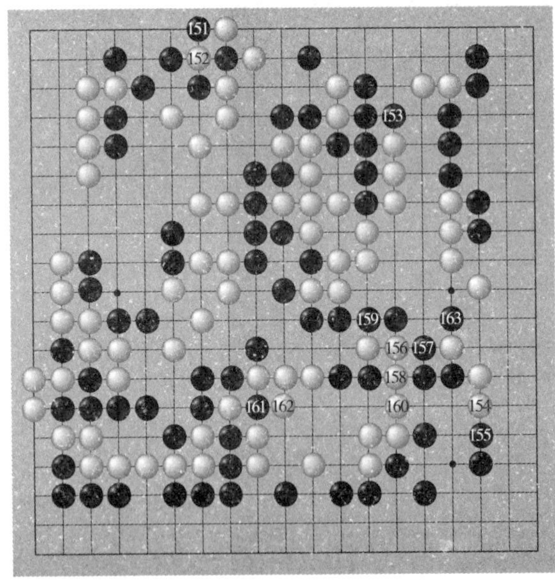

图2-87

为151~163手

25 第22届“富士通杯”决赛

时间：2009年7月6日

棋手：（先）九段（韩国）李昌镐vs九段（韩国）姜东润

对局：黑贴6目半，共228手

终局：白胜2目半

棋谱：图2-88

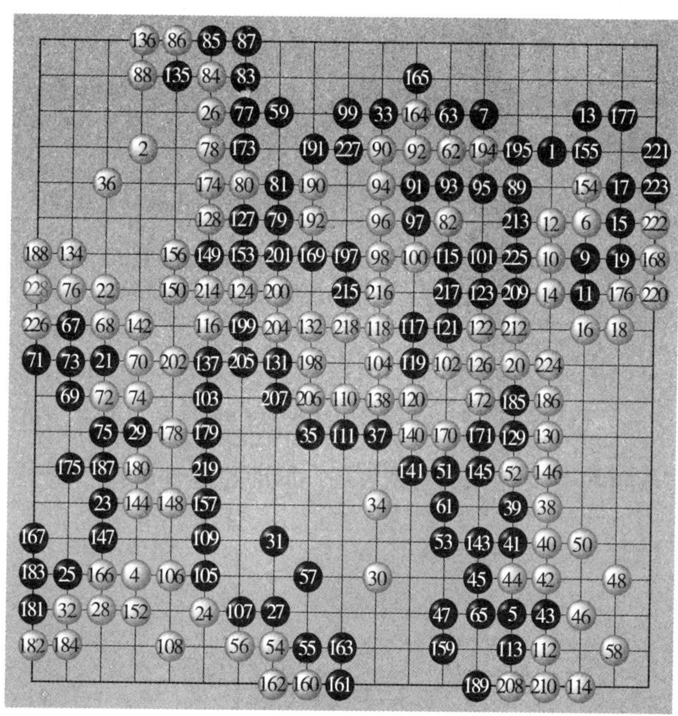

图2-88

解说：姜东润，出生于韩国。他小学5年级时，便与韩国著名的围棋手权甲龙结下了不解之缘，也因此迈出了成为职业棋手的第一步。

2002年5月，姜东润成功入段，开始了他的职业棋手生涯。权甲龙评价姜东润说："姜东润虽然看上去很普通，很安静，但他对围棋的超强、超快吸收能力和适应能力都是很突出的。"

2002年姜东润入段以后，在他职业生涯的第一个年度里28战中21胜7负，崭露头角。2005年他成了第7届"农心辛拉面杯"韩国队队员，获得第7届"奥斯拉姆高丽杯"冠军，获得第12届"巴克斯杯"天元战亚军。至2007年，姜东润七段的胜率一直保持在60%至70%。

2008年首届智运会上，姜东润为韩国夺得首枚金牌，之后他又在2009年2月6日获得韩国第13届天元战、第22届"富士通杯"冠军。

本局比赛一开始，序盘就出现了当时最新流行的棋型，至第228手，对局结束，姜东润执白胜2目半。这一盘棋，可以说是姜东润基本没有失误的完胜局，同时也是他的第一个世界级冠军。

26 第23届“富士通杯”决赛

时间：2010年7月5日

棋手：（先）九段（韩国）李世石vs九段（中国）孔杰

对局：黑贴5目半，共270手

终局：白胜12目半

棋谱：图2-89

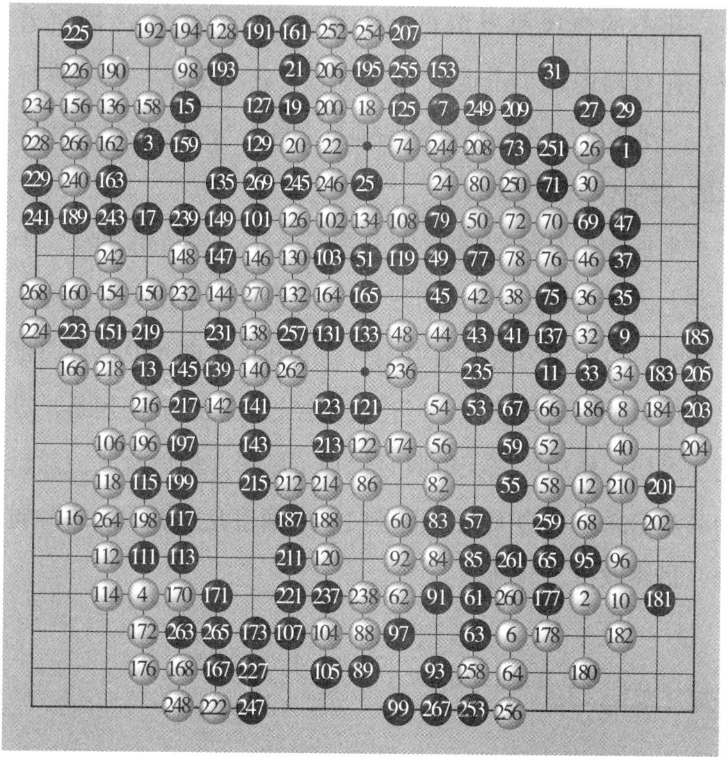

图2-89

解说：孔杰，北京人，我国围棋职业选手。他1994年入段，2000年因进入“春兰杯”4强而成名。2009年第21届“亚洲杯”快棋赛，孔杰连败韩国姜东润、李昌镐、李世石夺得冠军。2009年12月第14届“三星杯”，他获得了其职业生涯的第一个世界冠军。2010年2月第14届“LG杯”决赛，他以2：0胜李昌镐，夺得了个人的第二个世界冠军；6月再次蝉联了“亚洲杯”快棋赛冠军；7月第23届“富士通杯”决赛再次战胜强敌李世石，夺得了个人的第三个世界冠军。

孔杰的棋风厚重沉稳，充满韧劲。他为人冷静沉着，擅于在对局中逐步击退敌人，绰号“春兰少年”“倡棋杯之男”“小美”，并有棋坛第一帅哥之称，与古力并称为中国棋坛的“绝代双骄”。

本局中，从序盘就发生了激烈战斗，从结果来看，李世石在上边攻白棋急所的举措，成了无理棋。而白26右上碰一手后跨断右边，成为把局面引向有利的好棋。进入中盘，白棋如果继续追杀黑棋很危险，但是孔杰经过精确的形势判断，进行适当妥协，然后靠完美的收官保住了胜果。最后阶段，黑棋勉为其难追杀白上边大龙，但是白棋准确追究黑棋本身的薄弱之处，最终取得了胜利。

27 第15届“LG杯”决赛第2局

时间：2011年2月23日

棋手：（先）九段（中国）孔杰vs九段（中国）朴文垚

对局：黑贴6目半，共140手

终局：白中盘胜

棋谱：图2-90

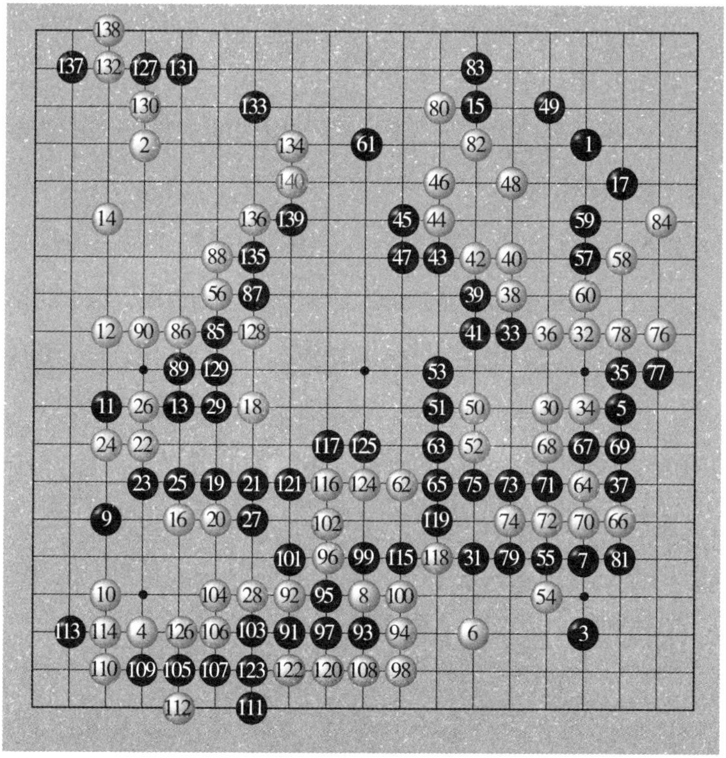

图2-90

解说：朴文垚，中国围棋运动员。他出生于中国黑龙江省哈尔滨市，朝鲜族，祖父出生在韩国庆尚北道，在朝鲜日治时期迁至哈尔滨。朴文垚在父亲的影响下开始学习围棋，在他的那辈棋手中，可以说很少有他这样艰辛刻苦的。

朴文垚在第10届“LG杯”赛中连胜王立诚九段、苏耀国八段、朴正祥九段，打进4强，一战成名。当年他在围甲联赛中的战绩为12胜9负。2006年，他转会至贵州咳速停队，战绩为13胜9负，已是该队当仁不让的主力。

朴文垚的棋风稳重厚实，官子功夫上乘，2007年他升为五段，之后在中国第6届“招商银行杯”电视围棋快棋赛、全国围棋个人赛、第13届“阿含桐山杯”中国围棋快棋公开赛等对抗赛中多次获得冠军。

2011年2月23日在第15届“LG杯”世界棋王赛三番棋决赛中，朴文垚更是执白中盘击败孔杰，以2：0的比分首夺世界冠军。他也因此成为中国第7位世界冠军和第30位九段，同时他以差一个多月满23岁的年龄，改写了古力保持的23岁零两个月的中国最年轻世界冠军的纪录。

本局正是朴文垚的冠军之战，白112是决定性一击，下边黑棋被吃后，这局棋事实上已经宣告结束。果然，在第140手，孔杰投子，朴文垚获得世界冠军。

28 第16届“LG杯”决赛第2局

时间：2012年2月15日

棋手：（先）九段（韩国）李昌镐vs五段（中国）江维杰

对局：黑贴6目半，共232手

终局：白中盘胜

棋谱：图2-91 至图2-98

解说：江维杰，出生于上海，中国围棋运动员，效力于山东齐鲁晚报俱乐部。他2005年升为初段，2009年升为五段。2012年2月在第16届“LG杯”世界棋王赛中，他以2∶0的比分战胜韩国李昌镐夺冠，创造了当时中国围棋界获世界冠军的最年轻纪录（20岁零121天），并直接晋升为九段。

江维杰性格内向，平时不多言语。从外表看，他腼腆温柔，十足一个“乖男孩”形象。但是在棋盘上，他却大不一样，他因棋风凶猛还被人称为“肌肉男”。

古力在2010年中国围棋名人战中败给江维杰，被夺走名人头衔后他曾经表示：“确实输得心服口服，江维杰的力量非常强，我在力量的发挥上吃亏不少。”

李昌镐在2012年第16届“LG杯”世界棋王赛败给江维杰后，也曾表示江维杰非常冷静，在胜负处异常敏锐。

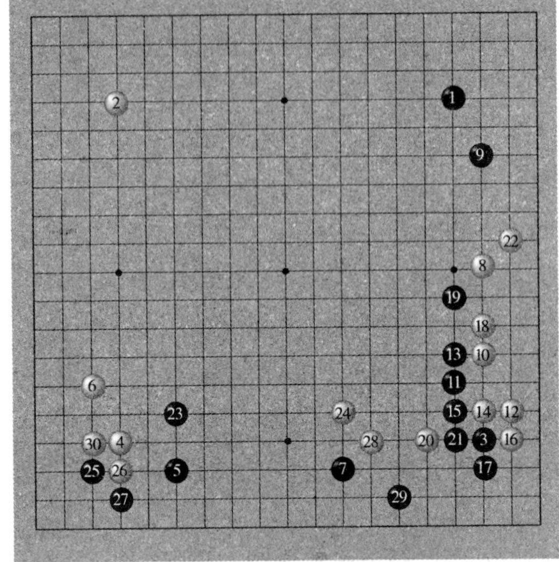

图2-91

为1~30手

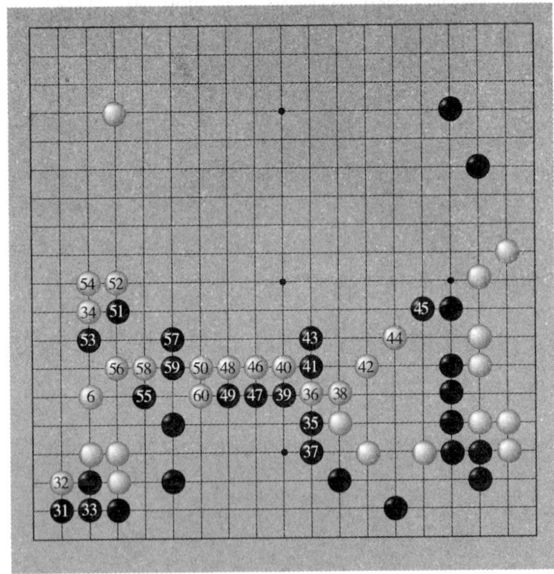

图2-92

为31~60手

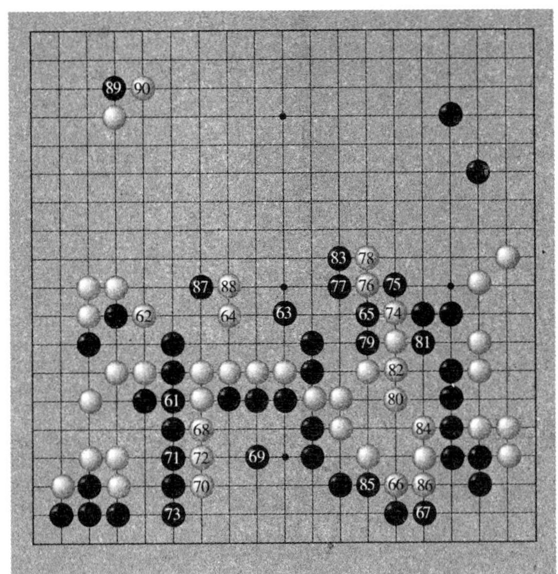

图2-93
为61~90手

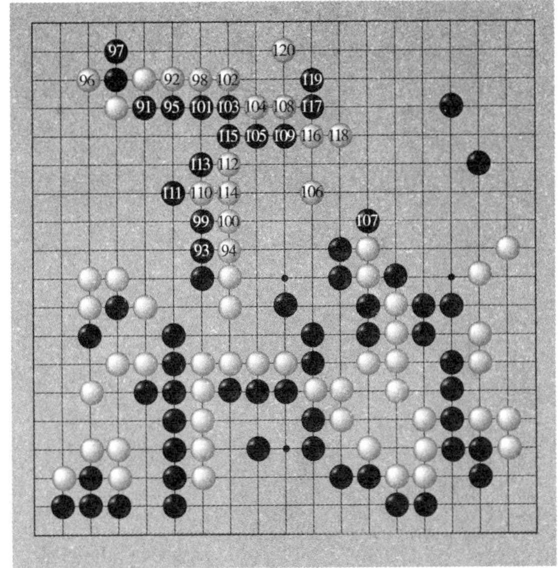

图2-94
为91~120手

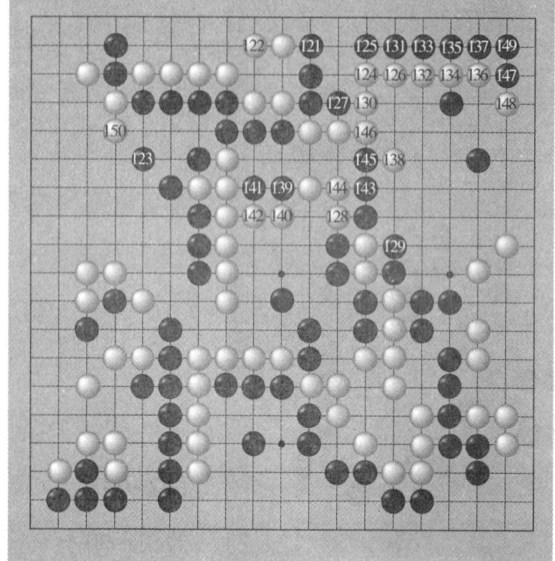

图2-95

为121~150手

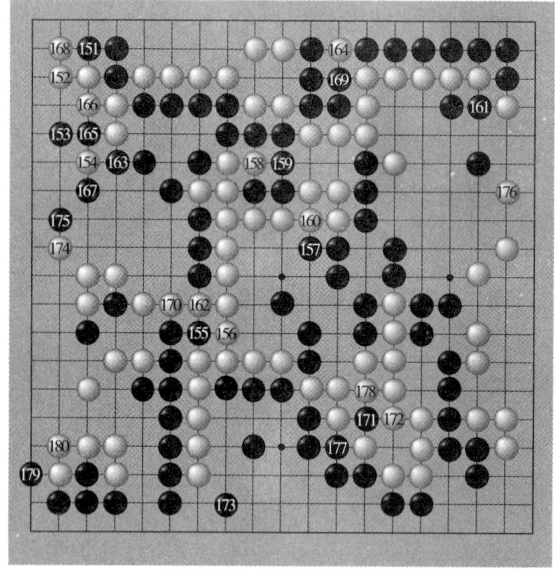

图2-96

为151~180手

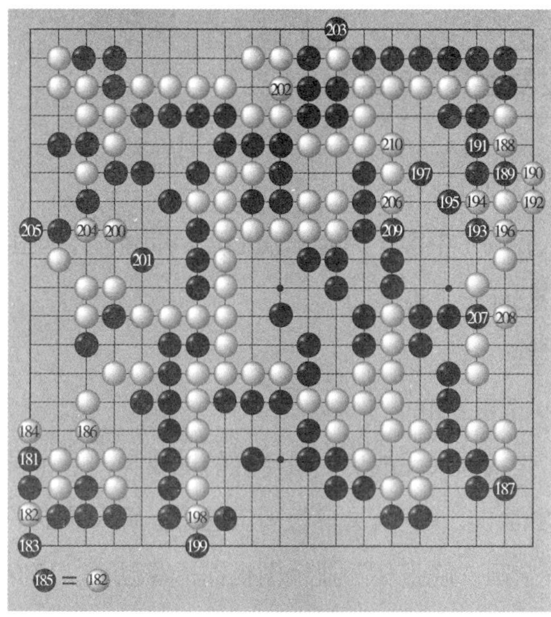

图2-97

为181~210手

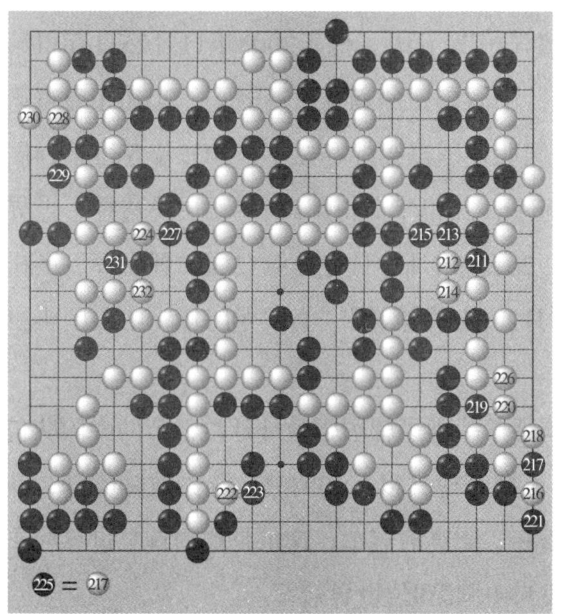

图2-98

为211~232手

29 第1届“百灵爱透杯”8强赛

时间：2012年8月23日

棋手：（先）五段（中国）周睿羊vs九段（韩国）朴廷桓

对局：黑贴3又3/4子，共161手

终局：黑中盘胜

棋谱：图2-99 至图2-104

解说：周睿羊是我国天元战史上最年轻的挑战者，第20届天元赛亚军。他7岁学棋，9岁入吴肇毅围棋道场，后入聂卫平围棋道场，12岁获全国“晚报杯”业余围棋锦标赛冠军，13岁被商借至北京海淀队参加围甲联赛。

2007年，周睿羊升为五段。他于2008年11月25日夺得第4届“威孚房开杯”中国棋王争霸赛决赛冠军，2010年夺得第7届“倡棋杯”中国职业围棋锦标赛亚军，2012年夺得第14届“阿含桐山杯”亚军，2013年夺得第1届“百灵爱透杯”世界围棋公开赛冠军，2013年4月13日夺得第13届“理光杯”围棋赛冠军，2013年5月2日夺得第1届“洛阳龙门杯”中国围棋棋圣战决赛冠军。

在本局中，周睿羊战胜了韩国强敌朴廷桓，帮助中国队包揽了赛事的前4名，接着他又以3：0的总比分击败陈耀烨，获得本届“百灵爱透杯”比赛的冠军。这也是他的首个世界冠军奖杯，他也因此成为中国第9位世界冠军。

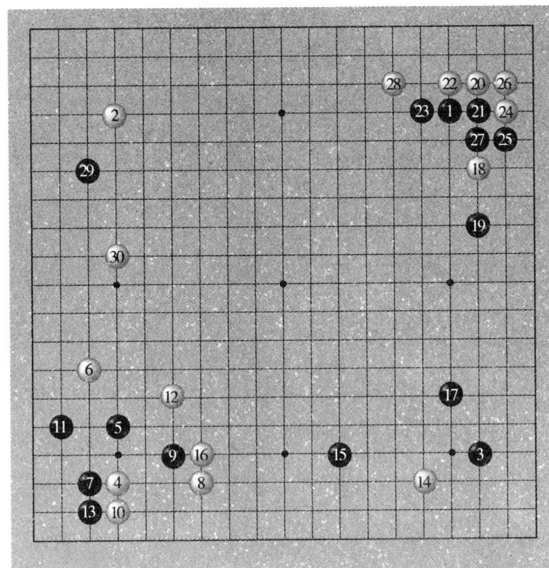

图2-99

为1~30手

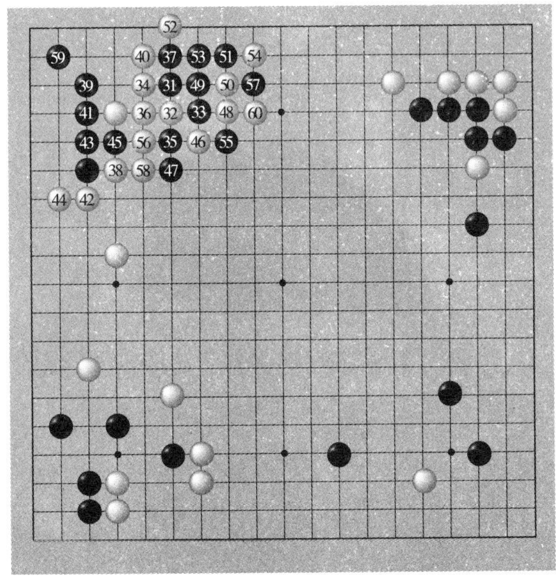

图2-100

为31~60手

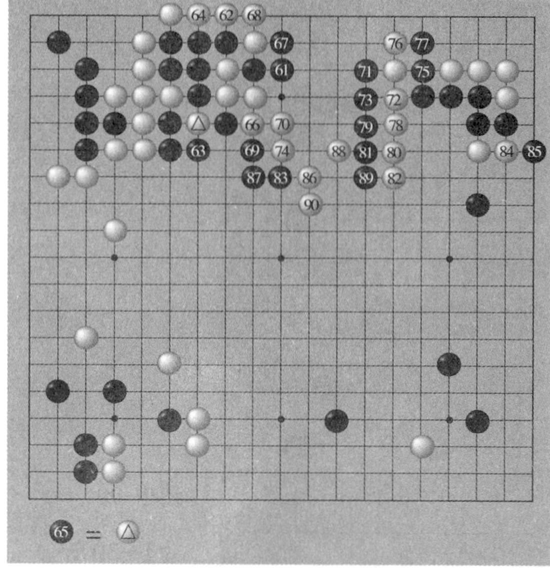

图2-101

为61~90手

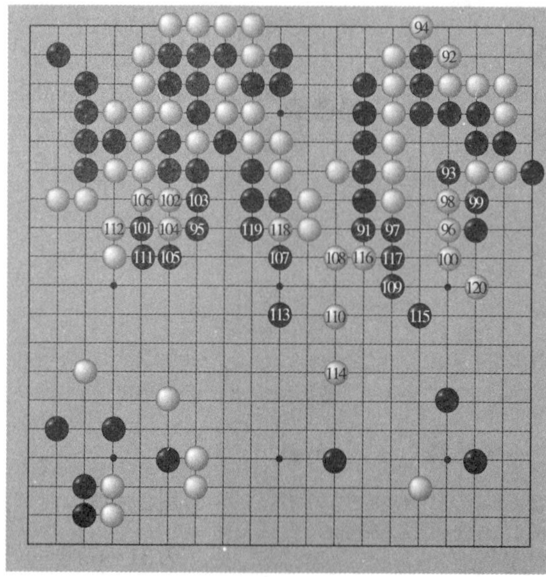

图2-102

为91~120手

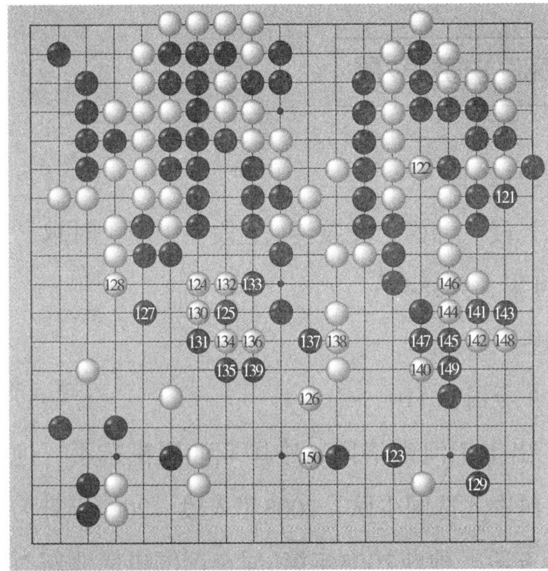

图2-103

为121~150手

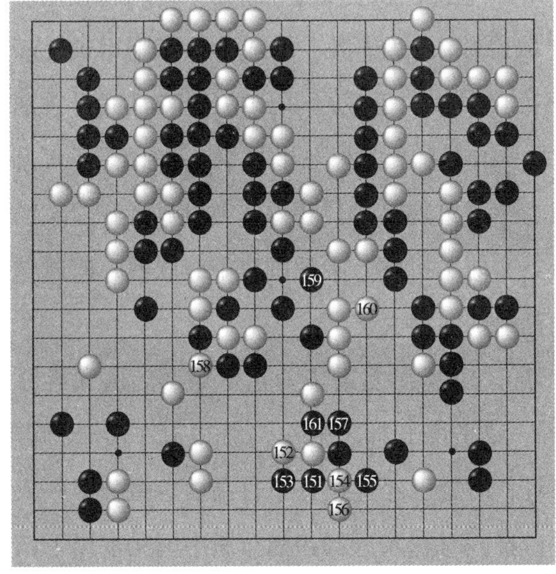

图2-104

为151~161手

30 第17届“LG杯”决赛第2局

时间：2013年2月20日

棋手：（先）九段（韩国）元晟溱vs五段（中国）时越

对局：黑贴6目半，共184手

终局：白中盘胜

棋谱：图2-105 至图2-110

解说：时越，出生于河南洛阳，中国职业围棋选手。他师从黄进先六段，14岁入选国少队，2003年入段，2007年升为四段，2010年升为五段。他获2003年第3届全国围棋职业新秀赛第3名，2007年CCTV电视快棋赛4强。2008年，时越在围甲联赛中表现出色，取得惊人的9连胜，并成为该年围甲最佳新人。他于2009年获第16届新人王战冠军，2012年7月30日首届“大重九杯”亚军，2013年“LG杯”世界棋王赛冠军，直升九段。同时他也成为中国棋院第10位获得个人世界大赛冠军的棋手。2013年“金立智能手机杯”中国围棋甲级联赛，时越包揽了最佳主将和最具人气两项大奖。

2014年11月15日，时越在无锡华美达广场酒店屠龙胜江维杰，赢得第10届“威孚房开杯”冠军，获得冠军奖金15万元。至2015年8月6日，时越已经连续15个月高居等级分第一人宝座。2019年10月17日，时越入选2019福布斯中国30岁以下精英榜。

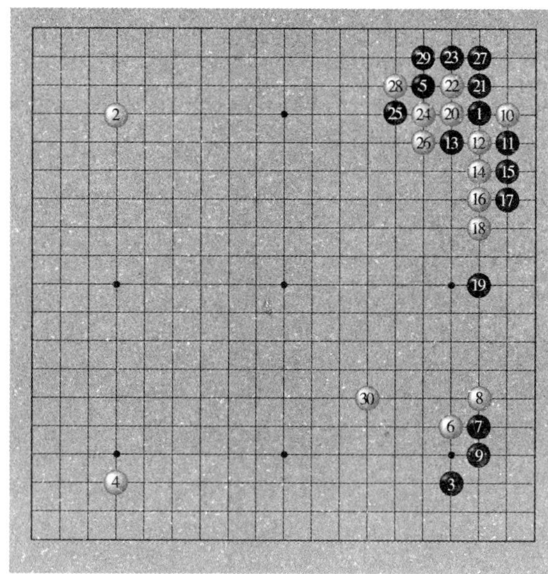

图2-105

为1~30手

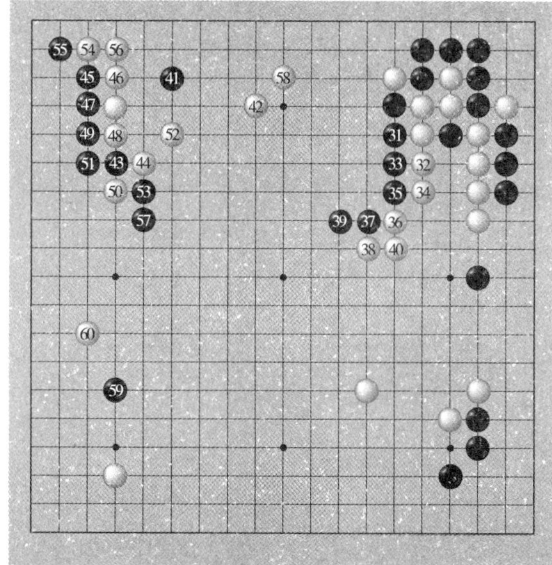

图2-106

为31~60手

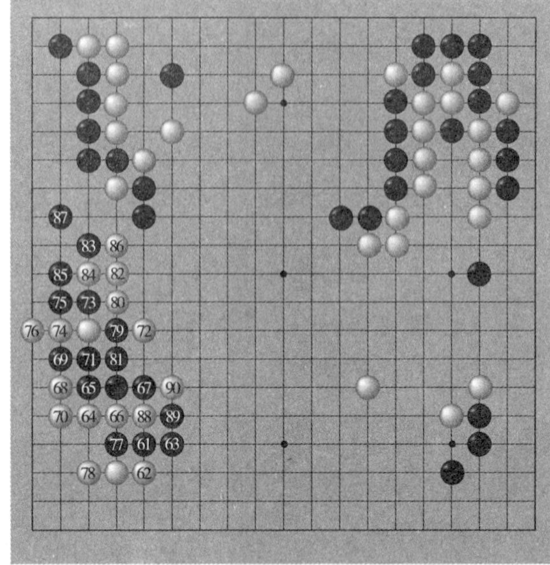

图2-107

为61~90手

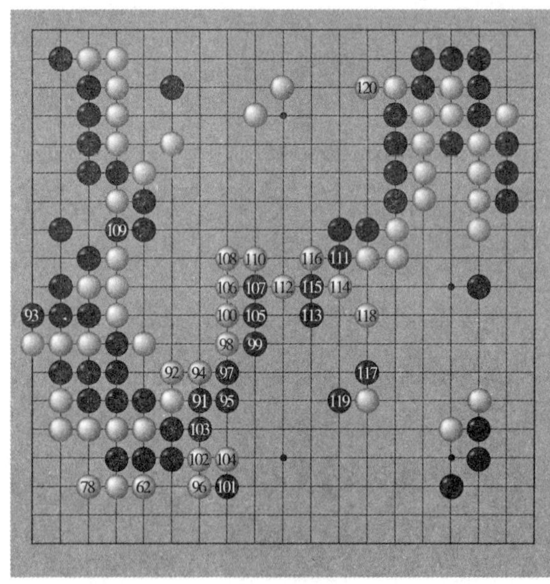

图2-108

为91~120手

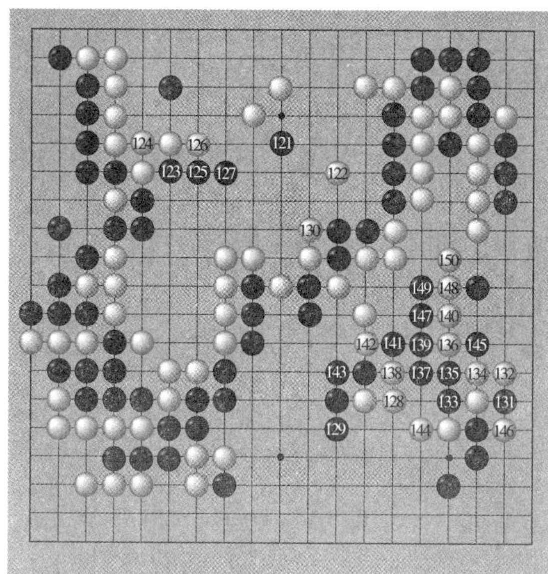

图2-109

为121～150手

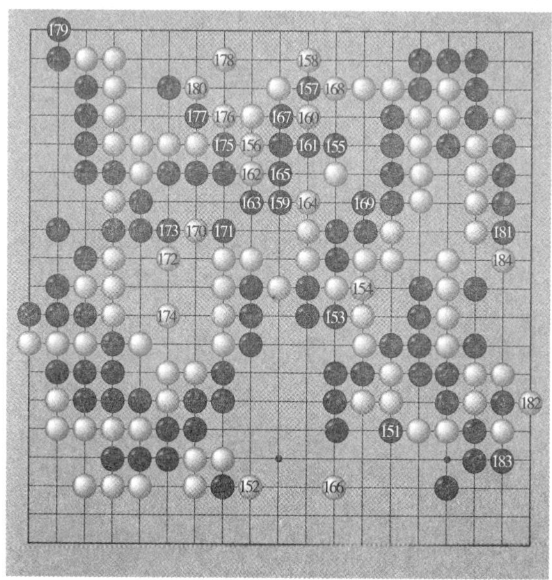

图2-110

为151～184手

31 第4届“CCTV贺岁杯”决赛

时间：2016年2月11日

棋手：（先）九段（韩国）李世石vs九段（中国）柯洁

对局：黑贴7目半，共222手

终局：白中盘胜

棋谱：图2-111

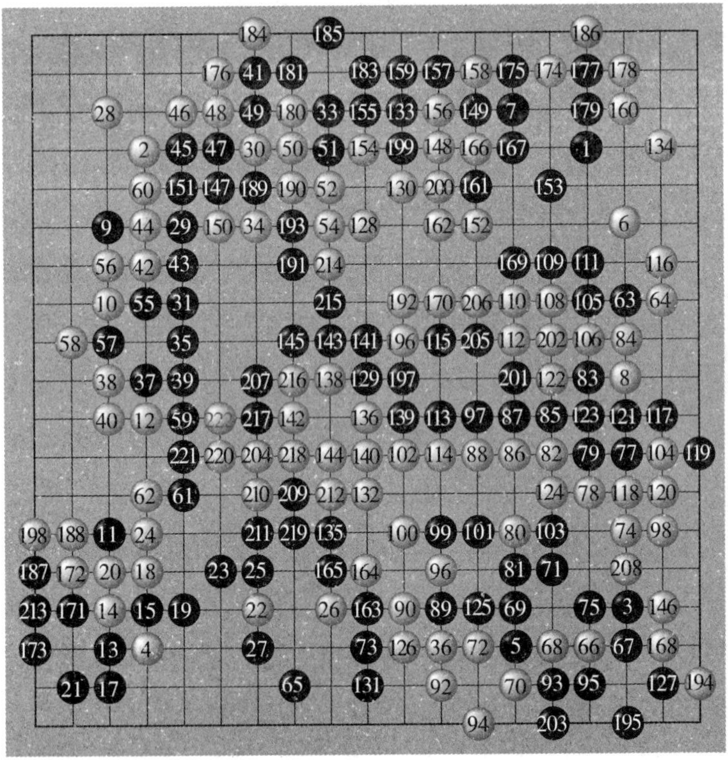

图2-111

解说：柯洁，浙江省丽水人，我国围棋职业九段棋手，曾获2007年全国少儿围棋锦标赛冠军、2008年世界青少年围棋少年组冠军、第28届“应氏杯”世青赛围棋青年组冠军、2014年10月第16届“阿含桐山杯”中国围棋快棋公开赛冠军。

自2015年1月至2016年1月，柯洁在一年内夺得第2届“百灵杯”世界围棋公开赛冠军、第20届“三星杯”世界围棋公开赛冠军、第2届“梦百合杯”世界围棋公开赛冠军，成为世界上最年轻的围棋三冠王；2016年12月他蝉联了“三星杯”世界围棋公开赛冠军；2017年12月26日他夺得首届“新奥杯”世界围棋公开赛冠军。

2018年4月27日，柯洁再战围棋人工智能，对战国产的人工智能程序“星阵”（Golaxy），经过145手激斗，星阵执黑中盘胜出；8月2日，柯洁入选福布斯中文网2018年中国体育行业30岁以下精英榜；8月21日，他和於之莹搭档获得世界围棋混双最强战亚军；同年12月5日，柯洁九段执白325手战胜韩国棋手安国铉八段，第3次捧起“三星杯”冠军奖杯。

2019年1月17日，柯洁夺得第4届“百灵杯”世界职业围棋锦标赛冠军。2019年3月，柯洁被清华大学免试录取，就读工商管理专业。

32 第19届“阿含桐山杯”快棋8强赛

时间：2017年7月3日

棋手：（先）九段（中国）陈耀烨vs九段（中国）柁嘉熹

对局：黑贴7目半，共266手

终局：白中盘胜

棋谱：图2–112

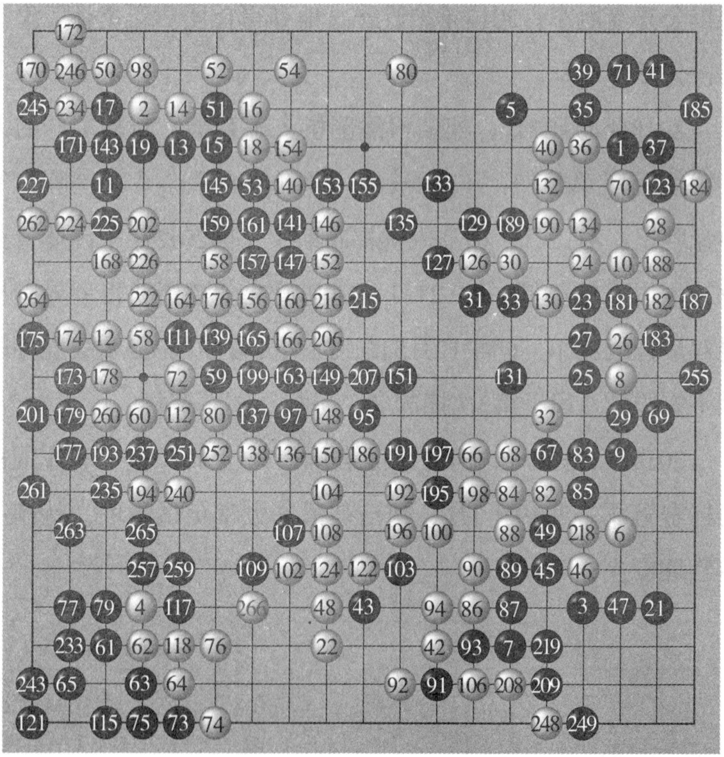

图2–112

解说：柁嘉熹，中国黑龙江大庆人，汉族，曾是国少队队员，是吴肇毅九段的弟子。

柁嘉熹5岁学棋，2002年入段，2005年三段，并入选国家少年队。他2006年获得全国个人赛乙组冠军，2007年获得“U15富士通杯”少年赛冠军，第3届“倡棋杯”4强，并代表北京大宝队首次出征2007年围甲联赛。

2008年第10届“农心辛拉面杯”三国围棋擂台赛第一阶段第4局，柁嘉熹执黑4目半战胜了日本的河野临九段之后，取得了4连胜。

2013年3月中国等级分，柁嘉熹名列第一；在第18届“LG杯”决赛中，柁嘉熹又以2∶1战胜中国的周睿羊，成为新的世界冠军，同时这也是他个人的首个世界冠军。

2016年12月8日第21届“三星车险杯”世界围棋大师赛三番棋决赛，柁嘉熹总比分1∶2惜败柯洁，取得本届比赛亚军；2019年获得第21届“阿含桐山杯”中国围棋快棋公开赛亚军。

柁嘉熹对于学棋可谓是非常认真，自身也极为刻苦，这是他取得好成绩的根本原因。他的大局感其实不是很好，但是却有着超人的计算能力。而在经过不断的刻苦学习之后，他渐渐改进了布局不好的毛病，在棋力上逐渐提高，所以他能取得如今的成绩，也是理所当然的。

33　第21届“阿含桐山杯”快棋赛半决赛

时间：2019年7月27日

棋手：（先）九段（中国）范廷钰vs九段（中国）柯洁

对局：黑贴7目半，共101手

终局：黑棋中盘胜

棋谱：图2-113

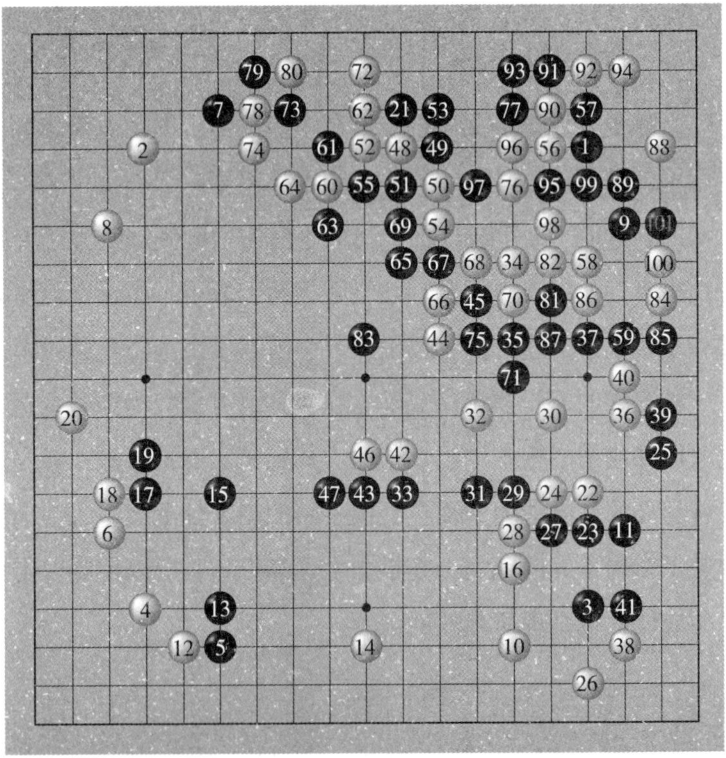

图2-113

解说：范廷钰，出生于上海，他在沪上棋界与范蕴若、芈昱廷并称为“二饭一米”。

范廷钰年纪虽小，但在对局中却颇显老成，无论形势优劣均不形于色；少言寡语，不管失利获胜，言谈都不过三五句，人们送他“少年石佛”的美称。较之于同样少年老成的同龄人，范廷钰在棋盘内外无不显得“石佛本天成”。

2009年全国围棋男子乙级队联赛，代表齐鲁晚报棋院队的范廷钰在最后一轮比赛中，先是劫杀周贺玺二段一条20多颗子的大龙，当周贺玺孤注一掷，强杀右边盘一条超过百目的白棋巨龙时，读秒中的范廷钰纹丝不乱，招招精准，最后巧妙利用黑棋气紧关系，做出两眼来，迫使对手中盘认输。

2013年范廷钰夺得第7届“应氏杯”世界围棋职业锦标赛冠军，以16岁零7个月的年龄成为中国最年轻的世界冠军，同时升为世界棋坛最年轻的九段棋手。2016年第18届“农心杯”世界围棋团体锦标赛中，他再次取得7连胜，打破该赛事连胜的历史纪录，力助中国连续第4次夺得“农心杯”。

言多者，必有数短之处；寡言者，弈林多成大器。古力就曾戏言：“现在的孩子对手，无不是范廷钰这种类型的。和他们比赛，不说棋怎样，光是看脸，就有些发麻。”可以说是，冷面一张，对手未战先怯。

范廷钰自己则有言：“每种个性皆有利弊。少言寡语，可专注黑白方圆；个性沉静，可远离纷纷扰扰。”

相关链接

日本著名棋手羽根泰正的盲棋对手是业余的西田晴美女士，按实力羽根可让西田三子，因为羽根是盲目对西田明目，因此规定西田执黑先行。讲解者是羽根的老师岛村俊宏九段。

开始四五十手棋，羽根盲棋下得有板有眼，和明棋简直不相上下。不料中盘羽根的盲棋开始技术走样，最后一块棋补活时竟补错地方，而西田也显示风度不去吃这块棋而投他处。

岛村说："这棋不要下去了！"羽根同意后，这场表演赛以失败告终。自此，日本再也没有一位棋手尝试下盲棋了。

围棋口诀

老鼠偷油真有趣，棋逢断处巧能生，下子先后讲次序。
两壹路上多妙手，托夹扑劫尖挖聚，防闷成形宜单跳。
两子成形斜飞利，四路被断常虚跳，一团气促鼻顶宜。
台象生根点胜托，矩形护断虎输飞，不能用征可半枷。

围棋规则

直二方四是死棋，直三弯三和丁四，刀五花五葡萄六。
自己先走快补棋，对方先走点就死，直四弯四是活棋。
扳六一般是活棋，棋被包围要做活，扩大眼位是要领。
常用扳尖虎和立，抢占要点是关键，一二二二妙手多。

第三章　古谱名局鉴赏

关于围棋的古谱与书籍，有很多遗失在历史的长河中，流传下来的已经不多见了。但还是有很多古代名局棋谱经过有心人的收集和整理，被保存了下来，成了我们研究围棋历史和文化的宝贵资料，也是我们学习与提高棋艺的重要材料。

01 《孙策诏吕范弈棋局面》

时间：东汉末年

棋手：黑方吕范vs白方孙策

对局：共43手

终局：胜负不明

棋谱：图3-1 至图3-2

解说：孙策，字伯符，吴郡富春人，破虏将军孙坚长子、吴国大帝孙权长兄，东汉末年割据江东一带的军阀，汉末群雄之一，三国时期孙吴的奠基者之一，《三国演义》中绰号“小霸王”。

吕范，字子衡，汝南郡细阳县人，汉末至三国时期吴国重臣。他年轻时为汝南县吏，后避难寿春，结识孙策，此后随孙策、孙权征伐四方，对稳固孙氏在江东的统治做出了杰出的贡献，孙权将其比之于东汉开国元勋。吴国建立后，吕范累官至前将军、假节、扬州牧，封南昌侯。

据说孙策、吕范两人常常在闲暇之时纹枰对弈，谈兵论政，以棋为乐。有一次，吕范回到吴郡，又与孙策对弈，当时两人可谓是“棋逢对手，将遇良才”，而《孙策诏吕范弈棋局面》谱，就是在此种情况下诞生的。

《孙策诏吕范弈棋局面》谱记录在中国现存最早、最具权威性的围棋专著，宋代著名国手李逸民编著的《忘忧清乐集》

中，它是中国现存最古老的围棋实战起手谱，在围棋史上占有重要的地位，具有重大的影响。

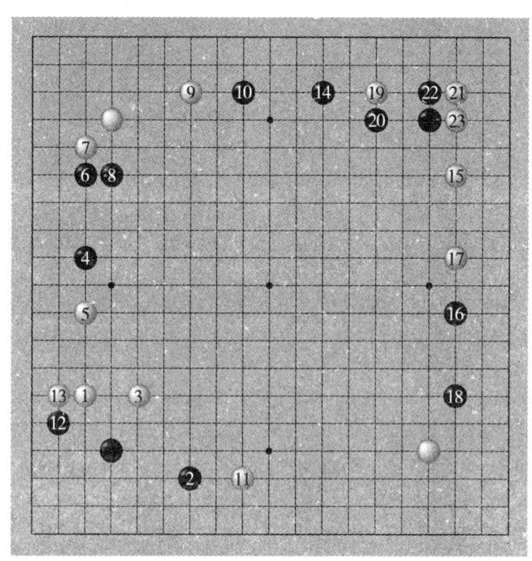

图3-1为1~23手

开局白3跳起，颇为罕见。黑4分投，是古棋中的常见下法。白5拆二，略嫌重复，与白3之子配合不太满意。白7尖顶，使黑成为立二拆二之形，有些局促。白9大飞，为当时流行下法，不失为好着。

古代围棋更注重全局构思，并不太拘泥于局部利益，黑10、白11两个拦角无疑就是最好的诠释。

接着黑12是先手便宜的意思。黑14拆二，有些效率偏低。黑16分投，或许还有更积极的下法。

之后白17拦，方向正确。黑18挂，顺其自然。白19打入，主动挑战。黑20压，为必然。白21点角，黑22挡，为正着。

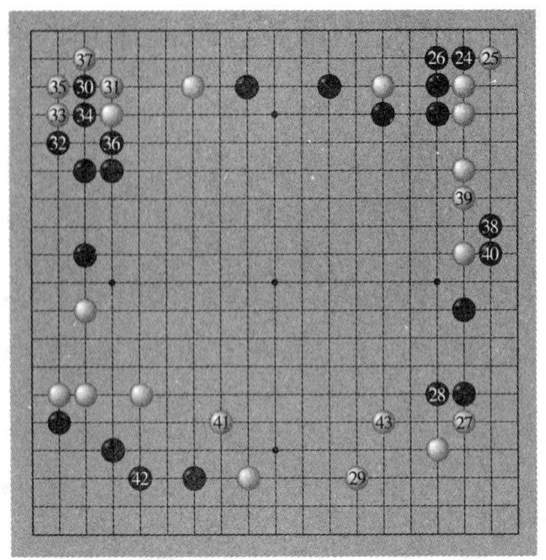

图3-2为24~43手

此时，黑24、黑26扳粘是问题手，白棋机敏脱先，黑棋步调稍缓。白27尖顶后再白29大飞应，与左上同形，这也许就是当时的一个流行下法。黑30点角，是最好的时机。白31挡，为正应。因白棋周围环绕黑棋，选择至白37的稳健应对，为明智之举。黑38点入，为常见手筋。白39并，争先，富有大局观。白41飞、白43补角，皆为注重大局的下法。

棋行至此，真正的胜负角逐逐渐展开，只可惜存世棋谱仅记录于此。而仅从此谱流传下来的区区43手棋谱，无从更全面地了解那个时代围棋的风格与全貌，也无从评价双方围棋水平的高低。

但是这仅有的43手流传至今的棋谱，却足以证明，早在三国时期，或者更早的年代，我国围棋水平就已经达到了相当高的程度。

02 《唐明皇诏郑观音弈棋局》

时间：唐朝

棋手：白方唐明皇vs黑方郑观音

对局：共77手

终局：白胜

棋谱：图3-3 至图3-11

解说：李隆基是唐高宗李治与武则天之孙，唐睿宗李旦第三子，故又称“李三郎”，母窦德妃。

唐垂拱元年八月，李隆基生于东都洛阳，初封楚王，后改封临淄王，历任卫尉少卿、潞州别驾。唐隆元年六月庚子日申时，他与太平公主联手发动“唐隆政变”，诛杀韦后集团。

先天元年，李旦禅位于李隆基，李隆基于长安太极宫登基称帝，后赐死太平公主，取得了国家的最高统治权，先天元年至天宝十五载在位。

唐玄宗在位前期，在政治上很有作为。他勤于政事，从各方面采取措施，巩固和发展了唐朝政权；后因“安史之乱”退位为太上皇，是唐朝在位时间最长的皇帝，亦是唐朝极盛时期的皇帝。

李隆基生性英明果断，多才多艺，知晓音律，擅长书法，尤胜围棋博弈，可谓是当时围棋名手。而他下棋的棋谱也有少数流传下来，其中《唐明皇诏郑观音弈棋局》谱，就被后世之人记录在《忘忧清乐集》之中。下面让我们来欣赏一番：

图3-3 黑2大飞，是稳扎稳打。黑4九三投，白5立刻拆二生根，黑6也拆二生根。由此可以看出唐朝围棋很讲究根据地。

图3-4 白11在外侧挂。黑12拆二，是唐朝围棋特点的一手，仍然非常稳健。再白13关起取势，很有意思的一手。黑14分投为当然。

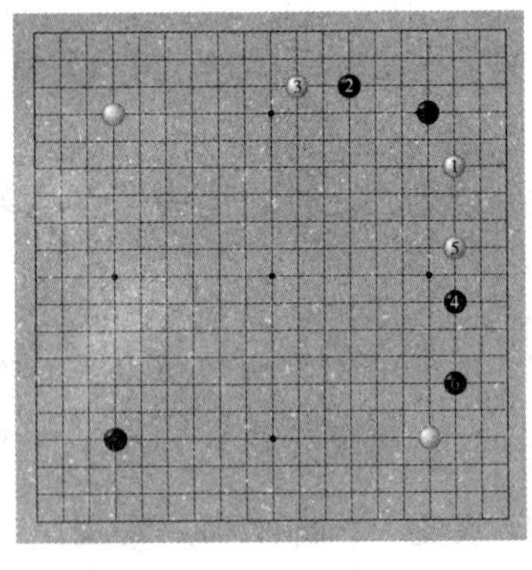

图3-3

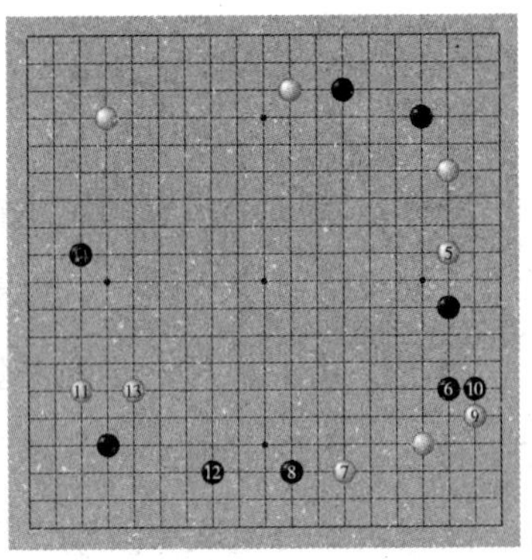

图3-4

图3-5 白15拆后不好，黑16的根据地要点在唐时为必抢。白17尖顶，黑18上长，是唐时围棋基本行法。

白19是最令人吃惊的一手棋，也是本局的最大的亮点。这已经是现代才有的下法了，但是在唐朝，此着却很普遍，为谱着。

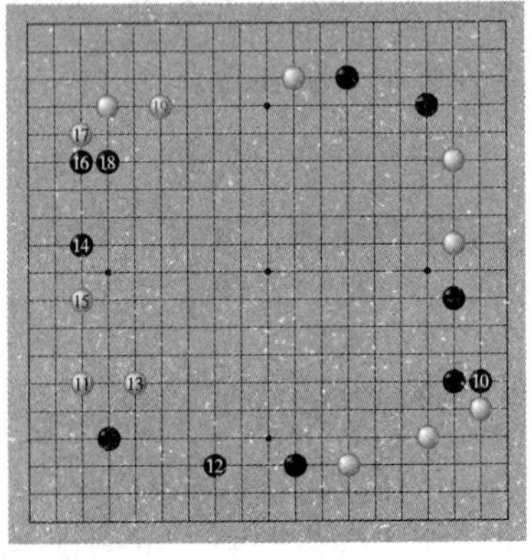

图3-5

图3-6 黑22尖顶，白23仍是上长。然后黑24关出，秩序井然。白25放置上面白一子不走，是想在下面发力。白27靠断，在现代棋中常见。

图3-7 黑30挡是失着，白33长后，黑难办，白35长细腻。

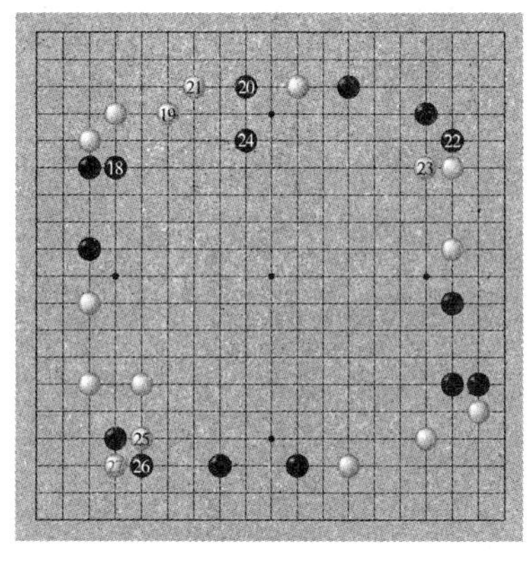

图3-6

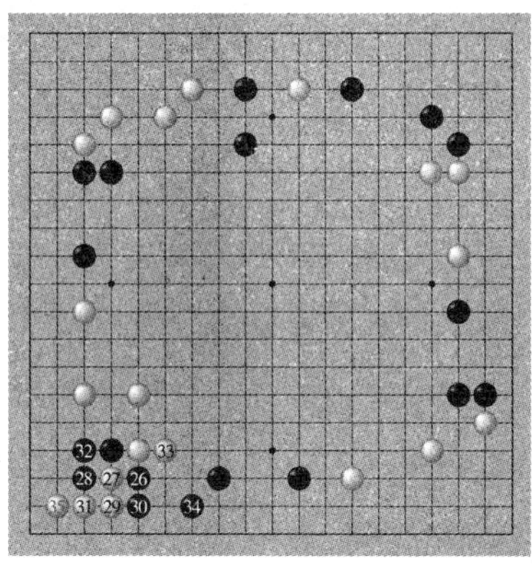

图3-7

图3-8 白39内扳，再白43尖对杀是妙手。左下角以白的完胜告终。

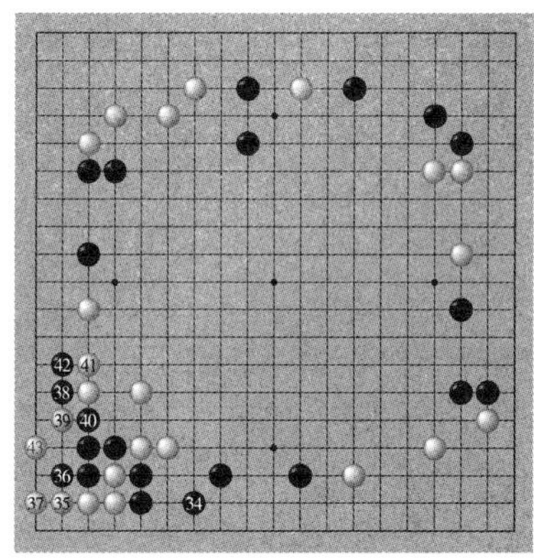

图3-8

图3-9 黑44以下点入右下角抢空，白争先51关出孤子。黑52关为好点，可以边加强自身边攻击白棋。此时白的正常下法是A位跳。

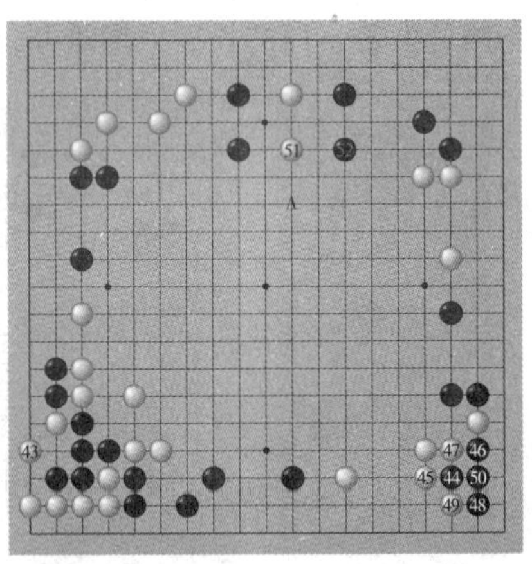

图3-9

图3-10 白53是暗藏杀机的一手。黑54只有挺出。白55开始追究黑棋形毛病，黑56只得飞过，白59则不依不饶。

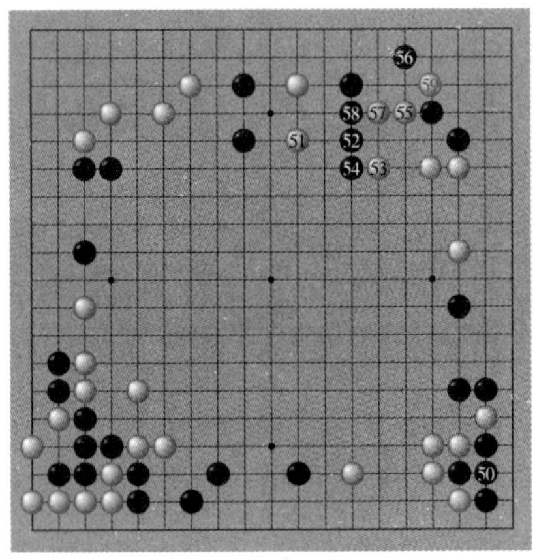

图3-10

图3-11 此时，至白65为必然。黑72本就是这一棋形下的延气手段，但白73再秀一路妙手，对杀白胜。

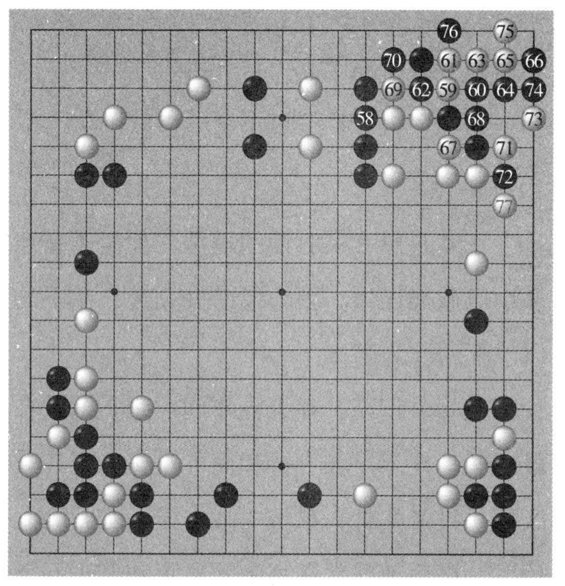

图3-11

再回过头来看，黑52可能要走飞而不是关。看似正常的一手关竟然会是问题手，隐藏之深，构思之妙，不得不让人为之惊赞。

在本局棋中，看点还有很多，特别是19手的关，以及左下角的对杀和右上角的对杀，都是异常精妙，不愧为一盘绝妙的好局。

03 古谱“一子解双征”

时间：唐朝玄宗年间

棋手：王积薪

棋谱：图3-12

解说：王积薪是唐玄宗时期的棋手。他生于贫寒家庭，父母早亡，从小以砍柴谋生。因为他十分勤劳，砍下的柴草堆积如山，故以“积薪”为名。

据《酉阳杂俎》记载，在开元年间，王积薪曾在丞相张说家住过一段时间，在那里和一行和尚下过棋。王积薪自认棋力不差，不久便去投考翰林，果然一战告捷，被封为九品官，成了“棋待诏”，以后他就常在宫中陪皇帝和亲王们下棋。

王积薪可以说是棋手中极为朴实的一个，据说他在成名后，从不以名家自居，每次外出游玩，身边总带着一个竹筒，里面放着棋子和纸画的棋盘。途中不管遇见谁，只要会下棋的，他都要下马来对弈一盘。谁要赢了，还可以享用他款待的一顿佳肴。

王积薪性情豁达，不拘小节。他在棋艺上更是刻意求精，勤勉好业，并总结了前人和他自己的对局经验，撰写了不少棋书，其中最著名的就是围棋《十诀》。《十诀》词精意深而又通俗易懂，概括了围棋的基本原理，以后历代棋手都奉其为金科玉律。

令人颇为遗憾的是，王积薪写的另外三本围棋专著已经失传。只有这“一子解双征”的着法，还保存在宋代李逸民所著的《忘忧清乐集》中。在这一谱中，我们便可以看出王积薪不同凡响的棋艺。

“一子解双征”即指一手棋落在棋盘上，可以同时解除两块棋被征吃之忧，可谓是绝妙的一手。

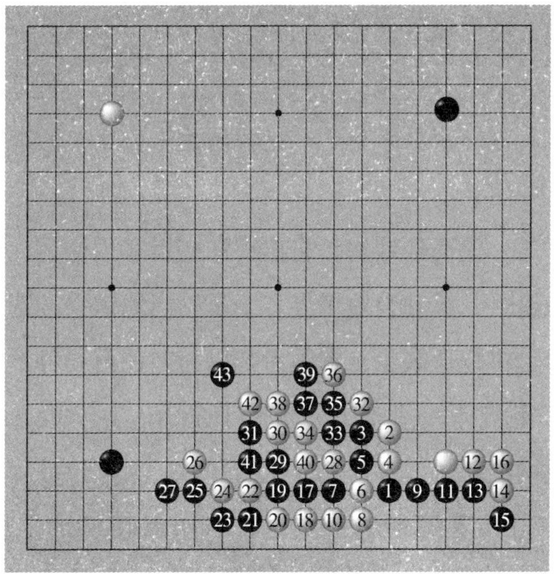

图3-12

04 骊山老媪vs刘仲甫

时间：北宋哲宗、徽宗时期

棋手：（先）黑方骊山老媪vs白方刘仲甫

对局：共112手

终局：白中盘胜

棋谱：图3-13 至图3-14

解说：刘仲甫，字甫之，是我国北宋哲宗、徽宗时期独霸棋坛的第一国手。

有一年，他途经钱塘，打出“江南棋客刘仲甫，奉饶天下棋先”的旗幡，震动当地棋界。于是，当地棋手推选一名高手与他对弈。棋行百余步，围观者都以为刘仲甫局势不妙，刘仲甫却说:“我要下一个地方，可胜十余子。”于是下了一子，大家都很纳闷儿。

刘仲甫接着解释说：“这个棋子要在二十手后才用得上。”棋局继续进行，下到二十多回合后，果然用到了这个棋子，顿时局势大变，最后刘仲甫果然大胜，围观的人没有不信服、敬佩他的。

刘仲甫的棋风攻伐伶俐，又妙手纷呈。对手常常被他扭住厮杀，难以脱身，再经他走出几子妙着，就全局溃不成军。以下一局便是他同骊山老媪的一局对弈，从中我们便能看出其棋风非同一般。

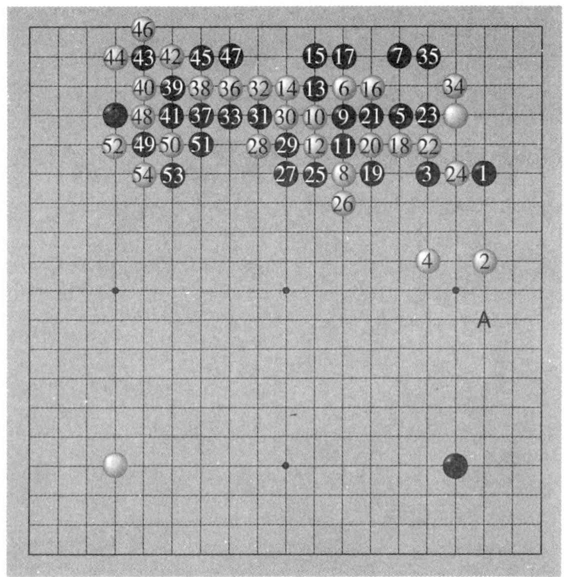

图3-13为1~54手

图3-13 此棋形，白2于二间低夹，在古谱中少见，一般都下于A位，左右均可拆二。白4按如今的下法，应该于右上角关出。黑5飞镇后，白6、白8走外边，意在取势争先，角上留下一白子，以后还可以加以利用。黑9出不好，使白方造成了外势。

白40不可于42位扳，否则白死。故40夹是好手。以下双方进行至43，只得如此。边上一块白子被吃，已成定局。

白54后，白得到左上和右上的两块角地，黑则得到了中间的一大块地。相互对比之下，双方不分伯仲。不过，白左上角却是留有余味的。此时轮到黑走，是接上还是做劫，让我们来看看图3-14。

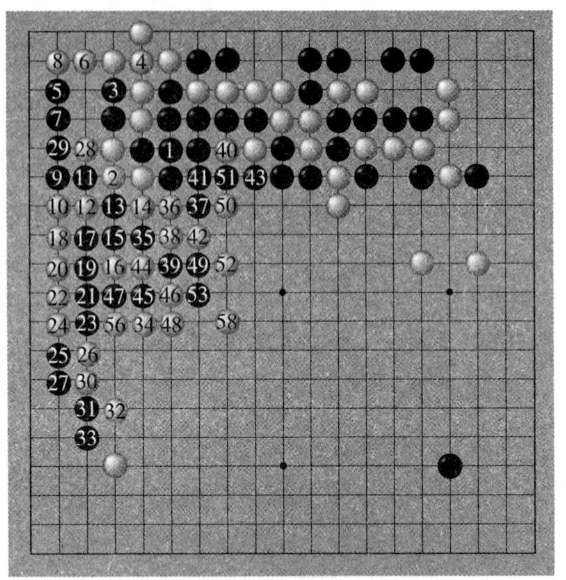

图3-14为1~58手（即55~112手）

此时，黑1接上，比较稳健。白2再接，黑3打吃，以下双方再次开始断杀，互不退让。黑13断后，白将两面受压。后黑15长出。这时，白16顶，一子解两危，绝妙。

白16以下，黑白双方从二、三路跟着长出，然后白34飞镇，黑35只得长出，至黑39断。白方以40和42先手利用，然后以44断，为古今绝妙的好手。这时，黑45只能吃，至49长出，白方又以50先手利用，再52虎扳。粗看黑可长出外逃，但白方再扑，又是妙手，黑方崩溃。白方在这一场战斗中，以16、44连施妙手，确实令人赞叹不已。

05 珍珑棋局“千层宝阁势”

解说：珍珑，围棋术语，也称“玲珑”，是指全局性的巧妙创作，特点在于构思奇巧。多是有人刻意为之，大抵是利用盘征、死活、手筋、杀气等方面技巧，波及全局，引人入胜。

中国古代的“千层宝阁”“演武图”、日本古代的“十厄势”，均属于此类棋局。而“千层宝阁势”如今就记录在李逸民编撰的宋刻本《忘忧清乐集》中。下面让我们来欣赏一番这个棋形：

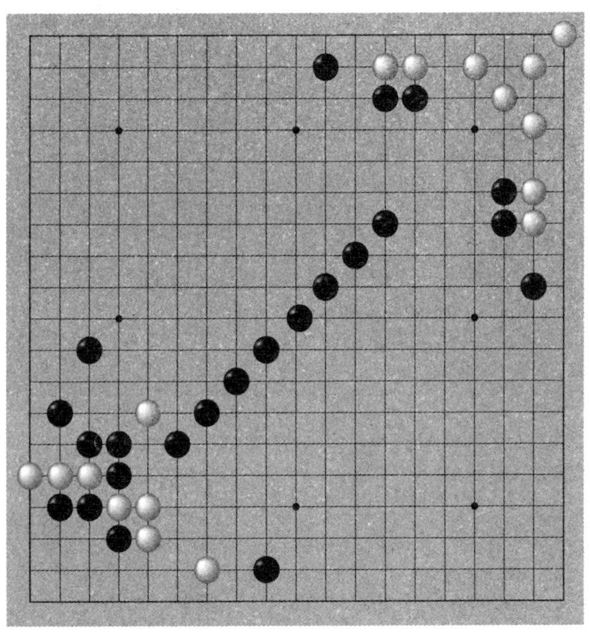

图3-15

图3-15 右上角的白棋就是这座“楼阁”的阁顶。接下来，白棋必须杀死左下角里的3个黑棋，来救出自己被围的3个棋子，黑棋自然努力挣扎而出，然后形成征子。

图3-16 为“千层宝阁势”正解图，征子最后，黑棋逃不出了，盘面便形成一座“楼阁”的图样，非常奇妙。

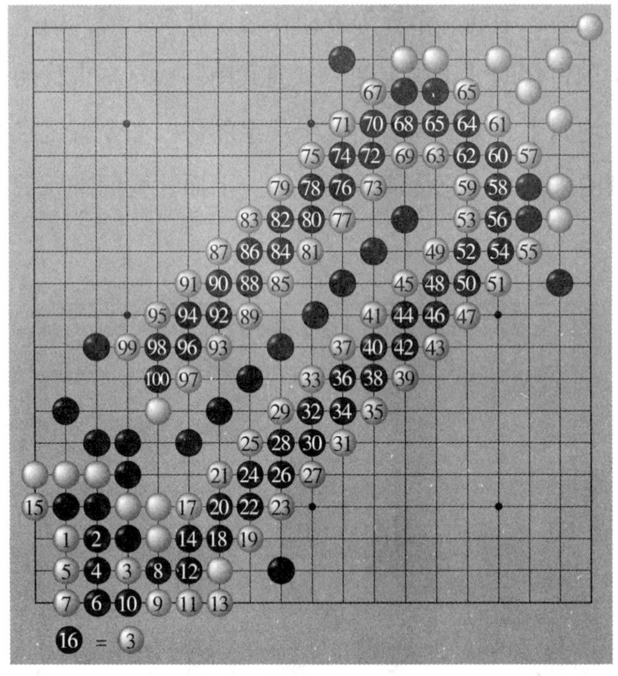

图3-16

06 安井算哲vs中村道硕

时间：日本德川时代

棋手：黑方七段（日本）安井算哲vs白方名人（日本）中村道硕

对局：共173手

终局：白胜

棋谱：图3-17

解说：中村道硕，日本京都人，井上家开山鼻祖。他师从本因坊算砂，是算砂门下第一高手，曾与鹿盐利玄、一世安井算哲及一世林门人多次角逐，均占优势。他1623年后继算砂执掌棋所，又辅佐当时年仅13岁的二世本因坊算悦，以维系本因坊门一脉。中村道硕的棋艺高妙森严，受到后世丈和、林元美等棋家的高度评价，被誉为“棋道中兴之先觉”。

安井算哲（一世），原名六藏，日本河内国涉川人。他早年师事本因坊算砂，11岁时谒见德川家康，18岁成为上手；同年剃发，法号算哲。1612年德川赐予他30石，12人扶持俸禄。他曾与中村道硕先后弈120局，多负约40局。他殁于京都，准名人，后世称作“古算哲”。

本局为时间较早的御城棋对局。御城棋又叫“天览棋”，是一种天皇或将军面前对局的大比赛。当时规定，每年11月6日报名参加，由本因坊、井上、安井、林，所谓的“四大家”共同协议，决定参赛标准。11月11日至16日，6天之内举行比赛，最初的资格要求必须是七段以上的棋手，后来因为人才不济，七段以上难求，所以一度降到五段以上即可，到1780年左右才恢复到七段。

此局御城棋弈于幕府将军德川秀忠御前。至146手，白棋立下，黑大块被杀，胜负遂定。

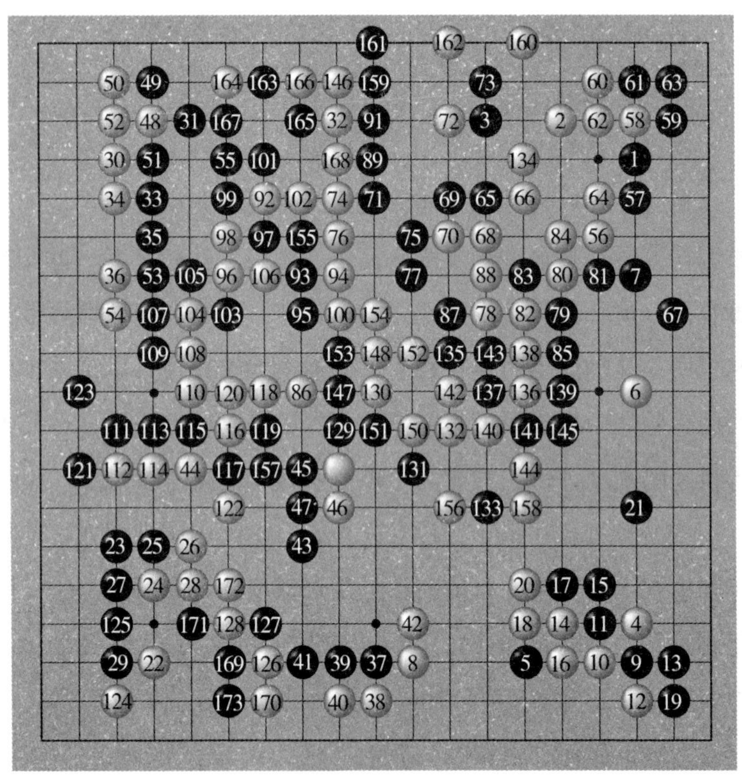

图3-17

07 过百龄vs周懒予

时间：明末清初

棋手：黑方过百龄vs白方周懒予

对局：共239手

终局：白胜半子

棋谱：图3-18

解说：过百龄，名文年，字百龄，明万历十五年生于无锡城一个望族人家，是明末棋坛造诣最深、名声最大的国手。他的同乡秦松龄所撰《过百龄传》，记述了他的生平。

过百龄天资慧颖，爱好读书，也好下围棋。他11岁时就通晓围棋中的虚势与实地、先手和后手、进攻和防守之间的关系及其处理的方法。他与成年棋手弈局，常常取胜，名震无锡。

过百龄在棋坛驰骋一生，继往开来，对明末及清乾隆时期围棋的飞速发展做出了重大贡献。他的后人过旭初、过惕生兄弟也都是一代围棋名手。

周懒予，清朝初年嘉兴人。他的祖父周之谅善弈，周懒予五六岁时就从旁观棋，即识攻守应变之法，13岁时棋艺已臻神妙。在当时，无锡过百龄有"围棋第一名手"之誉，周懒予便与过百龄对弈10局，胜过过百龄，遂被推为国手。其著作有《懒予弈谱》行世。围棋"应双飞用两压法"即为周懒予所创。

在本局棋中，盘面上的白子正好多3目。按当时的行棋规则，白5块棋，黑4块棋，白须还棋头1子，因此最终判周懒予半子胜。

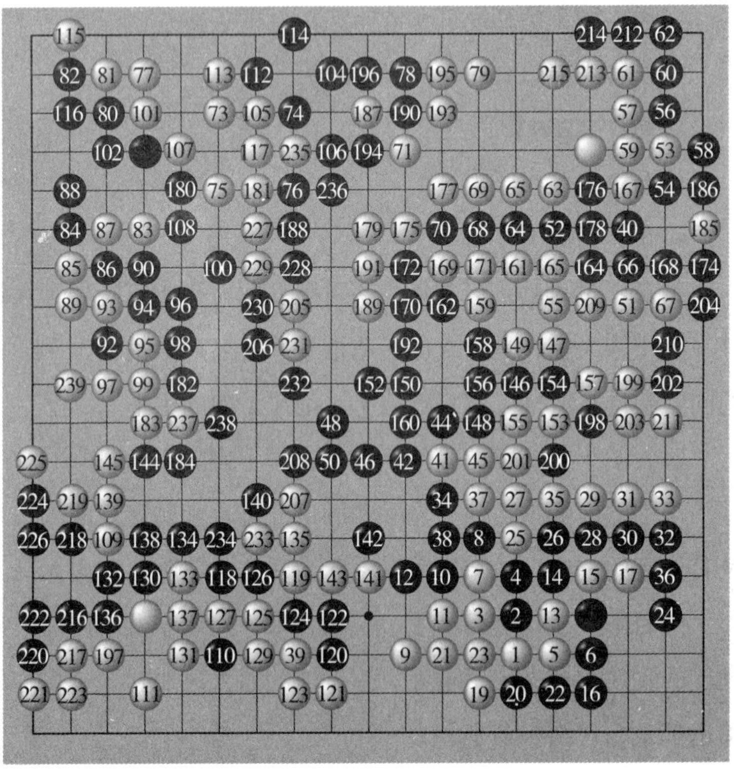

图3-18

08 本因坊算悦vs安井算知（二世）

时间：1645—1653年

棋手：黑方（日本）本因坊算悦vs白方（日本）安井算知（二世）

对局：共117手

终局：白胜半子

棋谱：图3-19

解说：本因坊算悦，本姓杉村，京都人，20岁成为七段上手。就当时日本的段位制度而言，棋力最强的九段只能有成为名人的一人，八段准名人原则上也只是一人而已，有八段资格便可作为次任名人候选。道硕去世时棋坛并无实力达到八段的人物，因此于情于理，实力达到七段上手程度，又是本因坊算砂继承人的算悦，都有资格成为新的名人。

安井算知（二世），山城人，一世安井算哲的弟子。1645年至1653年间他与二世本因坊算悦进行决定名人棋所的争棋，历时8年，仅弈6局，双方各3胜3负。

算悦死后，安井算知在1668年由官方任命执掌棋所，遭三世本因坊道悦的反对。同年10月开始由算知让道悦定先的“六十番争棋”，至1670年9月，16局中算知3胜9负4和，被道悦升至先相先；至1675年再弈4局，算知1胜3负；1676年算知归还棋所，宣布引退，此后隐居20余年。

本局选自日本《旧幕府御秘藏棋战》一书。争棋是指某种决定性意义的对局，始于日本幕府时期。初时是经幕府授意由两名高手以胜负确定名人棋所归属的关键对局，后来成为门派之间对抗的关键对局。

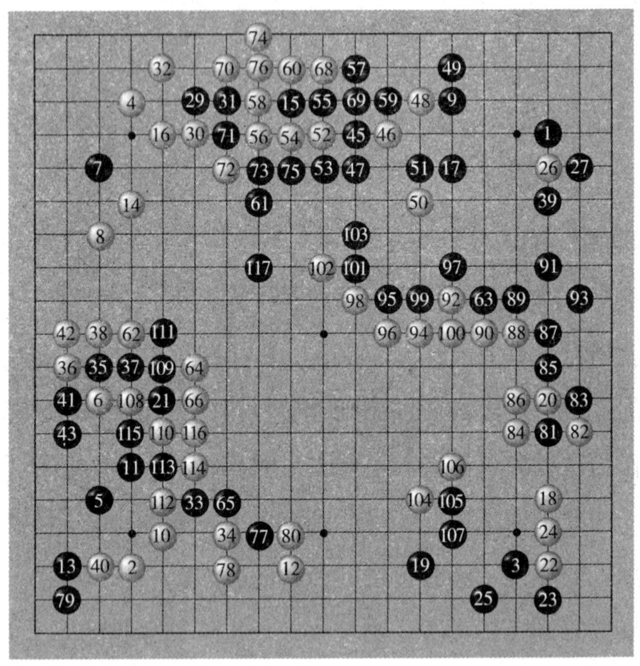

图3-19

09 道策名局中的名局

时间：1676年

棋手：黑方（日本）安井知哲vs白方（日本）本因坊道策

对局：黑不贴目，共180手

终局：白中盘胜

棋谱：图3-20 至图3-25

解说：本因坊道策出生于1645年，石见国人，本姓山崎，幼名三次郎，法名日忠，日本江户时代围棋棋士，四世本因坊，名人棋所。他是本因坊算悦、本因坊道悦门下，于1702年4月22日去世。

日本的围棋也是自道策时代才走向兴旺的。道策之前的棋风，均以作战屠龙为主；自道策之后，棋风顿变，开始讲究布局理论和灵活战略，而且300年前的道策有很多现代化的下法，更是难能可贵。

在日本棋史上的历代名人中，大概道策为第一人，被推崇为前圣，即使现在日本职业棋手仍对他佩服得五体投地。

道策的棋艺在当时的日本可谓是技高一筹，同一时代的一流高手至少要被让先或让两子以上，后人称道策棋力有十三段之高。而且他还创造了“手割”这种革命性的围棋理论，是提倡全局重于局部的围棋理论第一人。道策一生所下过的棋局中，有许多的名局，而此局可谓是名局中的名局。

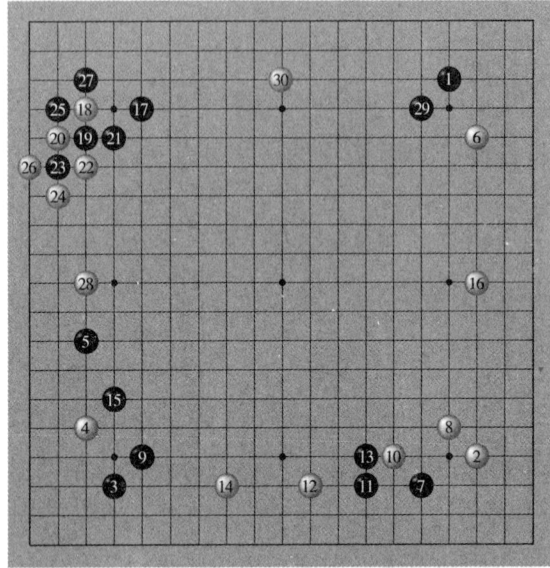

图3-20
为1~30手

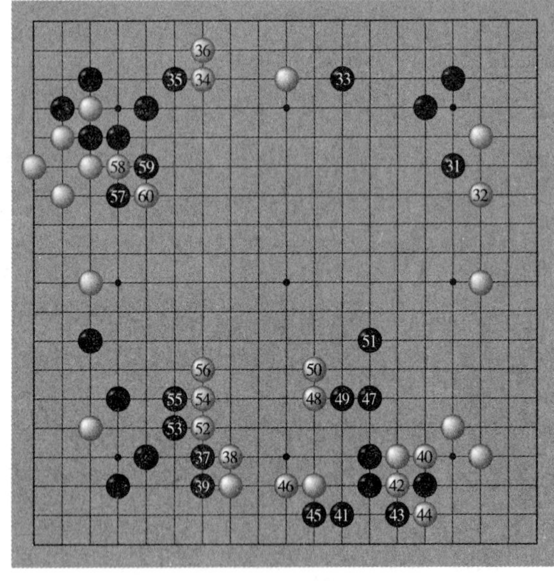

图3-21
为31~60手

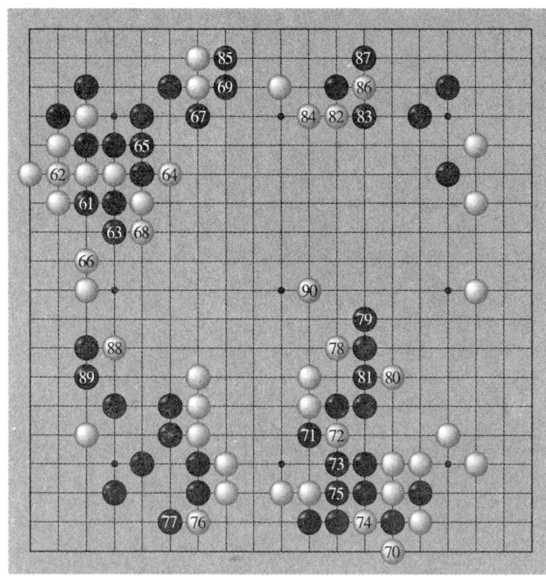

图3-22

为61~90手

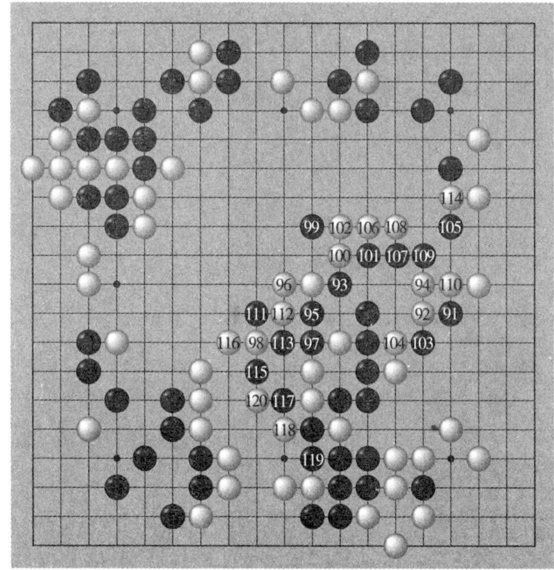

图3-23

为91~120手

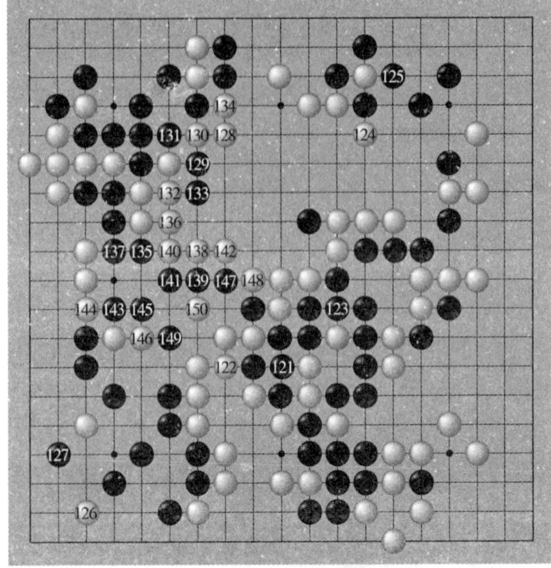

图3-24

为121~150手

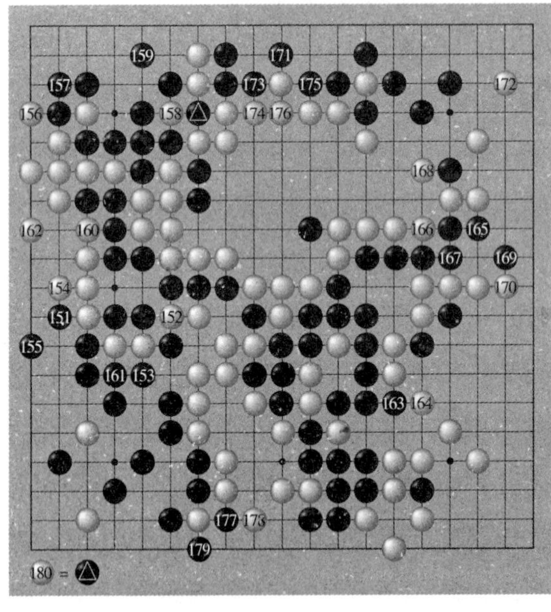

图3-25

为151~180手

10 本因坊道悦vs本因坊道策

时间：1682年

棋手：黑方（日本）八段道悦vs白方（日本）名人道策

对局：共154手

终局：白胜

棋谱：图3-26

解说：本因坊道悦，生于日本松阪，是日本江户时代围棋棋士，三世本因坊，八段准名人，名人棋格。他早年师从算悦，万治元年，二世本因坊算悦去世，21岁的道悦继任三世本因坊位，29岁补为七段。

在1668年时，道悦因不服官方任命安井算知执掌棋所，提出与之争棋。当时官方曾以“此乃将军之意也”及“若争棋失利，将被放逐远岛”等言词相恫吓，道悦仍坚持己见不为所动。他在历时8年的“六十番争棋”中取得优胜，迫使安井算知于1676年归还棋所并宣布引退。次年，道悦也宣布引退，让位于弟子道策，晚年闲居日本京都。

当时，道悦与徒弟道策共对局11局，道策执黑先行是5局全胜，执白是2胜3负1和。道悦颇有自知之明，知道自己的水平无论如何要比道策差一些，索性把本因坊传于道策，同时推荐他为名人棋所。而道悦的选择确实非常明智。在历任的名人棋所中，如道策这样众望所归的也不多见，从此，坊门兴旺了起来。

本局在日本棋史上被称作“出兰秘谱”。对局时道策37岁，就位名人棋所已有4年。而道悦46岁，已宣布引退。此局在行至154手时，黑棋已经无法突围，只得认输。

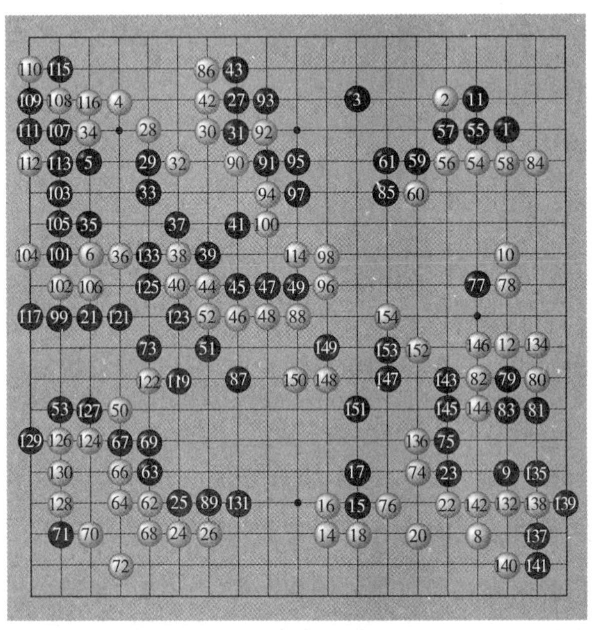

图3–26

11 名局"血泪篇"

时间：康熙年间

棋手：黑方徐星友vs白方黄龙士

对局：白授三子，共231手

终局：未知

棋谱：图3-27

解说：黄龙士，名虬，又名霞，字月天，号龙士，以号行，江苏泰州姜堰人。他是清代围棋国手，和范西屏、施襄夏并称"清代三大棋圣"，康熙朝中期围棋霸主，棋风不拘一格，留下十局名局"血泪篇"，著有《弈括》。

据说，黄龙士幼时就天资过人，棋名已闻达四乡邻里。长大后，父亲就带他到京城找名手对弈，从此黄龙士棋艺大进。

康熙三年，黄龙士在门宁初谒杜茶村时，他的棋艺距国手还差一截，第二次谒见杜的时候，他已一跃而为国手。他与在棋坛驰骋50余年、久负盛名的盛大有下过7局，获得全胜。

徐星友，名远，钱塘人，清顺治、康熙年间棋手。他的书法绘画都很好，尤其擅长围棋。据说徐星友学棋时间较晚，最初是师从黄龙士。徐星友学习专心致志，刻苦用功，所以棋艺进步很快。

当徐星友达到和黄龙士相差两子的程度时，黄龙士仍以三子相让与徐星友下了十局棋。这十局棋下得异常激烈，当时就被人们称为“血泪篇”。之后徐星友棋艺猛进，终于达到了与先生齐名的水平。“血泪篇”可谓是古代让子棋的名局，此局为其中之一。

本局开局一直小损，但黑棋始终是优势。后来打劫，吃住白大龙以为赢定，却被白棋一攻便乱了阵脚。后被白棋吃了一大片，最终走向失败。此局棋黄龙士一直走得很好，这局棋也充分展现了他清初第一高手的实力。

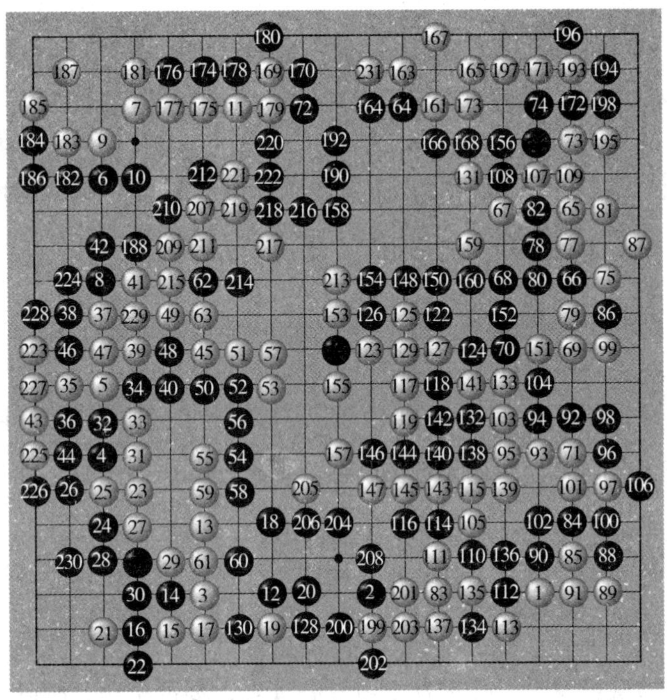

图3-27

12 当湖十局

时间：清朝乾隆四年

棋手：范西屏vs施襄夏

对局：共10局

棋谱：图3-28 至图3-37

解说：范西屏，一作西坪，名世勋，浙江海宁人，清乾隆时期著名围棋国手。他少时聪颖过人，与施定庵同拜山阴俞长侯为师学习围棋，16岁即成高手，后为乾嘉间棋坛巨擘。范西屏为人朴实，毕生从事弈棋授徒，“弈以外，虽诱以千金不动”“爱习前贤之谱，罔不究心”。他著有《桃花泉弈谱》二卷，总结前人经验，推陈出新，为清代棋谱中权威之作，流传颇广，另著有《二子谱》和《四子谱》等。

施襄夏，名绍暗，字襄夏，号定庵，浙江海宁人，清代著名围棋国手。他幼时性拙喜静，羸弱多病，受父熏陶，工诗善琴，“见同里范西屏学弈，年十二而与师俞长侯齐名，慕而同学，不久与范争先”，后又得徐星友指教，授以《兼山堂弈谱》，刻苦钻研，锐意深求。他十七八岁时与范西屏同列为当代第一国手，并称“棋圣”。两人在雍正、乾隆间同时驰骋棋坛，所向披靡。

《中国围棋》写道，“当时中国的弈坛，就被同是浙江海宁人的两位棋圣称雄了四十多年”“海内翕然称之，无异辞也”。

清乾隆四年，围棋国手范西屏、施襄夏于浙江当湖对弈，鏖战十余局，互有胜负。两人“落子乃有仙气，此中无复尘机，是殆天授之能，迥非凡手可及”。从棋局来看，关键之处杀法精谨，惊心动魄，可谓登峰造极，出神入化，将中国围棋的高远意境体现得淋漓尽致。“当湖十局”至今仍被认为是我国围棋古谱中的典范。

第1局 黑方范西屏vs白方施襄夏

图3-28 为当湖十局第1局，共260手，黑胜。

黑方一路先手收官，至黑200顶，或角，或边，黑总能成一处空，因此黑方胜定。

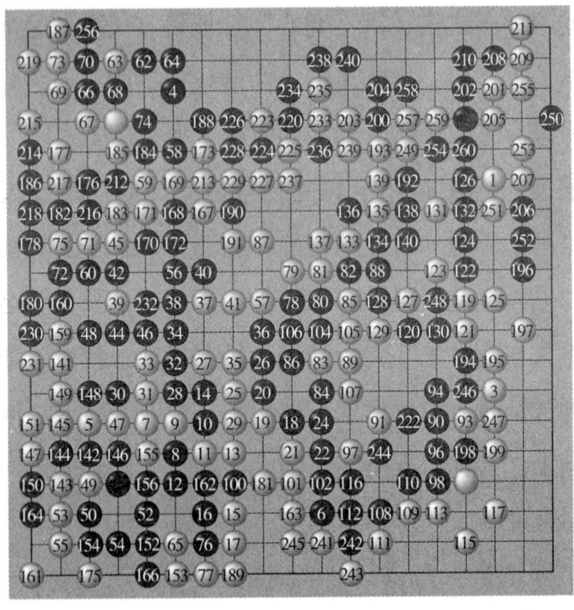

图3-28

第2局 黑方施襄夏vs白方范西屏

图3-29 为当湖十局第2局，共290手，黑胜。

本局双方虽都有失着，但也不乏出色之处，尤其是在左下角的互相攻防中，先是白105以下变黑角为白角，后黑124一着妙棋，又死灰复燃，种种变化皆出人意料，亦为精彩的一局。

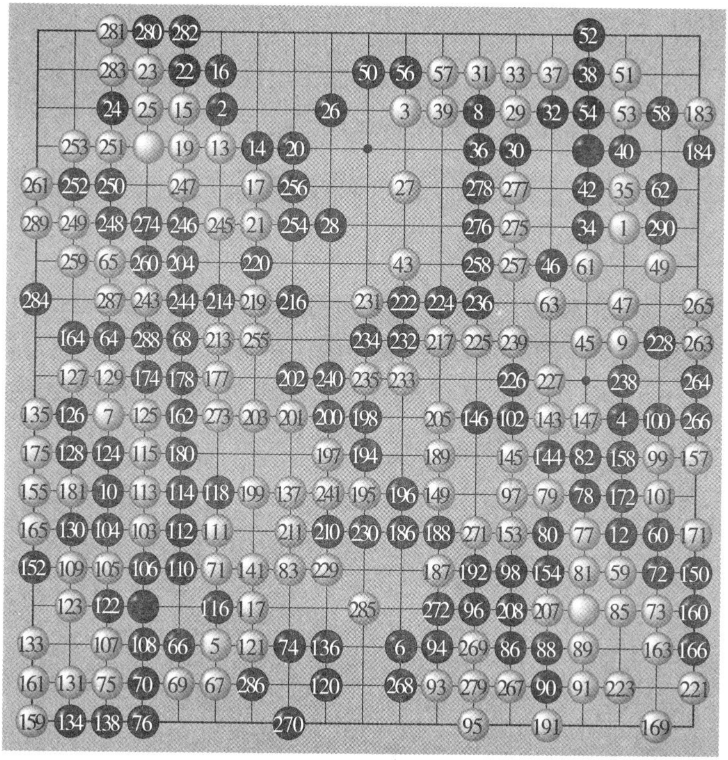

图3-29

第3局 黑方范西屏vs白方施襄夏

图3-30 为当湖十局第3局，共232手，黑胜。

纵览全局，白方在布局中很快领先，以后更是一路通途，得心应手。在左上角的战役中，白59不当，使黑方扭转败势。在中盘以后，黑棋更是愈战愈勇，好着颇多，最终夺得胜利。

本局精彩之处不少，但两位国手出现了黑68、黑86和白87的随手，给这局棋留下些许瑕疵与遗憾。

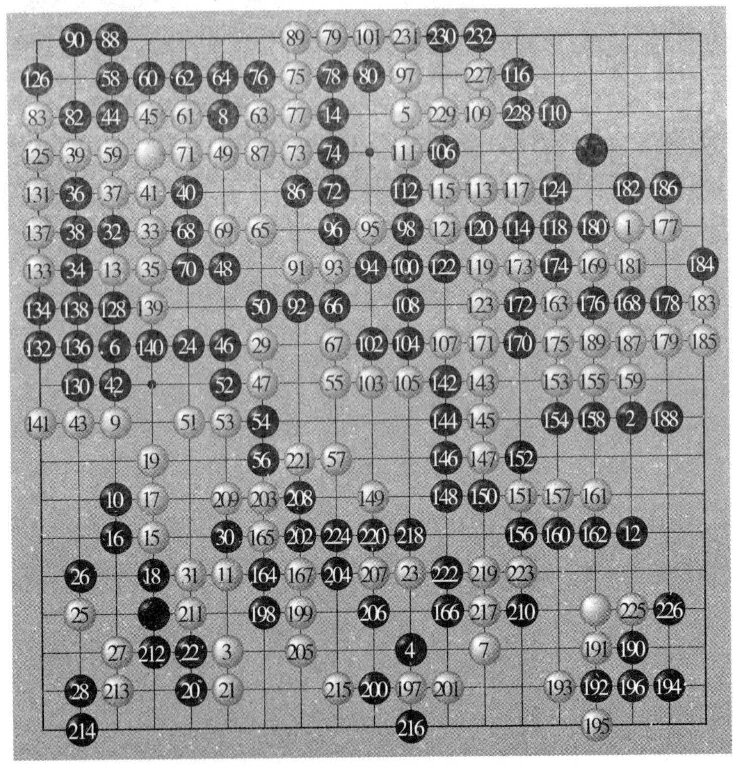

图3-30

第4局 黑方范西屏vs白方施襄夏

图3-31 为当湖十局第4局，共270手，白胜。

在本局中，黑180失去了最后的机会，遂黑方的败局已定。

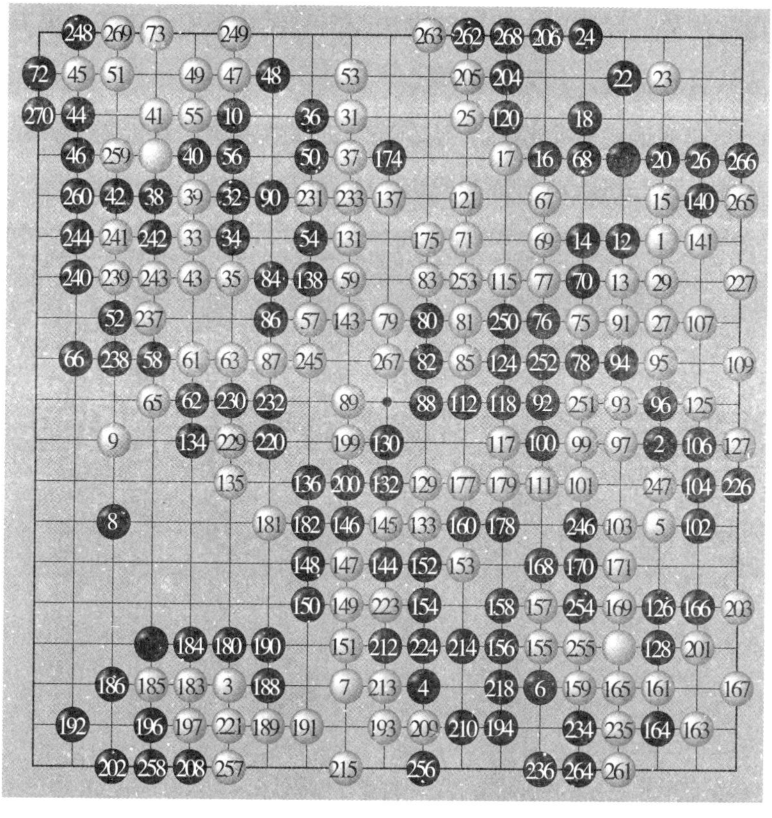

图3-31

第5局 黑方施襄夏vs白方范西屏

图3-32 为当湖十局第5局，共287手，白胜。

综观全局，黑方在右下角战斗被白方占据了上风。白方利用此优势，以紧凑、机敏的着法，向黑棋频频发动攻势，黑方虽然百般抵抗，却无机可乘。

白方通盘计算精确，妙着迭出，浑然一体，让人看之惊叹连连。本局堪称范西屏的代表之作。

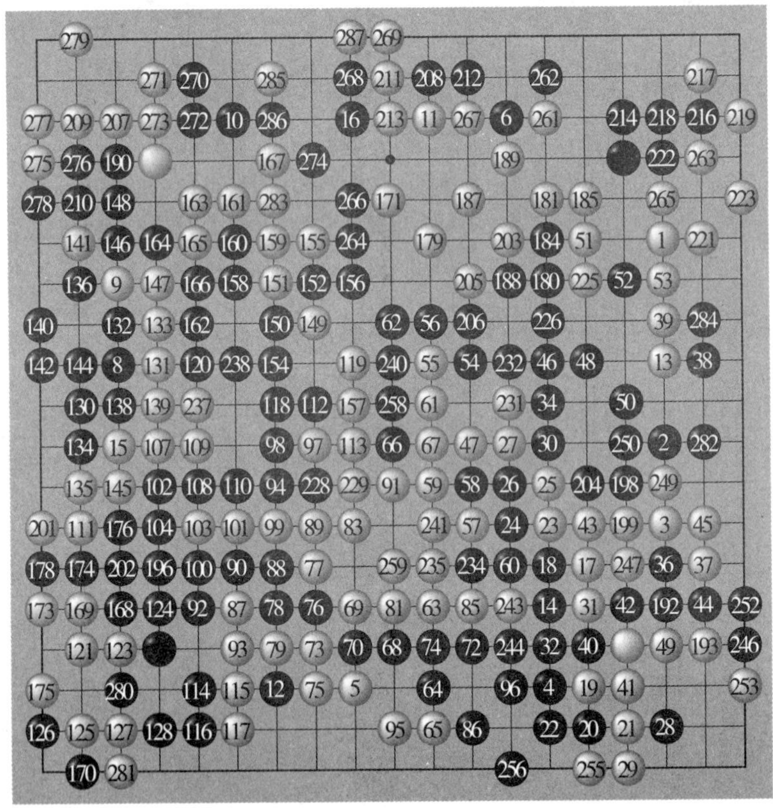

图3-32

第6局 黑方施襄夏vs白方范西屏

图3-33 为当湖十局第6局，共317手，黑胜。

在本局中，双方虽然都有些疑问手，但是本局的精彩之处却是极为突出，比如右上角双方一连串的妙手，皆非常人所能想象。盘中对局的构思巧妙、计算深远，着实令人叹服不已。

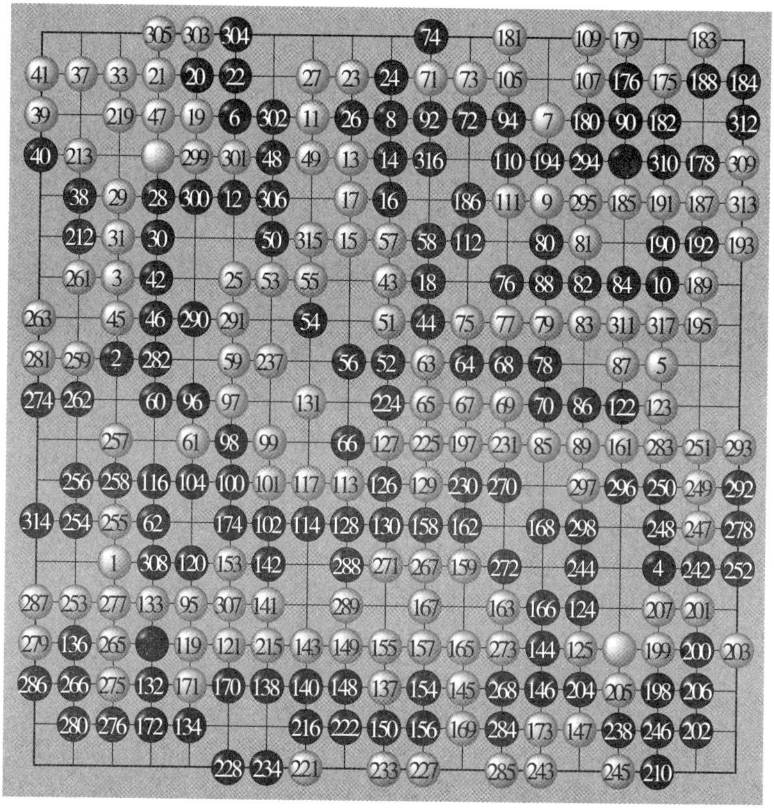

图3-33

第7局 黑方施襄夏vs白方范西屏

图3-34 为当湖十局第7局，共298手，白胜。

在本局中，黑方于左下先行的攻击奏效，取得了全局的主动，后却因为黑70和黑86的连续失误而失去了自己先前建立起的优势。

在此之后，白方表现出色，白93、白95攻势凌厉、白99着想奇妙，更是令人惊叹。

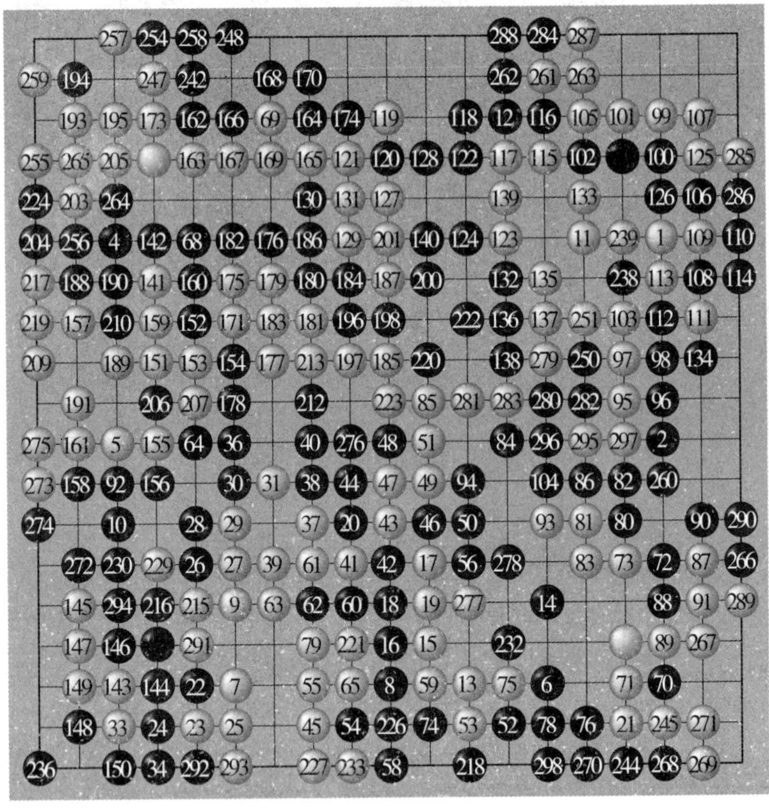

图3-34

此局，双方都下得很精彩，也充分体现了两大国手超越常人的气魄与计算力。古今棋风虽异，下法和胜负计算方法也有不同。今人在理论上有了很大的发展，但本局的精妙之处，仍是值得我们学习和借鉴的。

第8局 黑方施襄夏vs白方范西屏

图3-35 为当湖十局第8局，共223手，白胜。

在此局中，白方以充分利用残子的绝妙手段，扩大了战果，最终赢得了胜利。

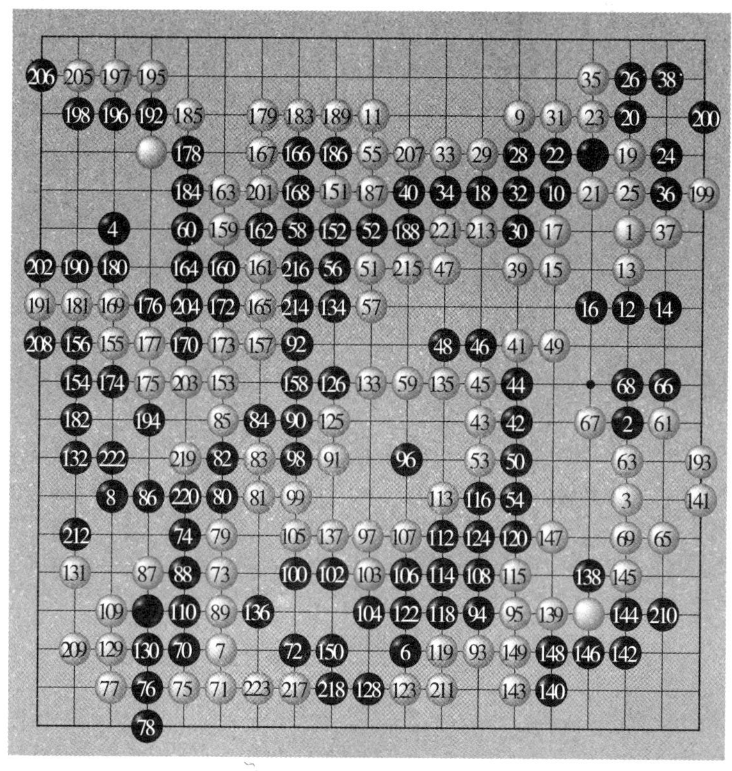

图3-35

第9局 黑方范西屏vs白方施襄夏

图3–36 为当湖十局第9局，共251手，白胜。

在本局中，双方皆有疑问手，但好手亦是不乏，如白51、白53、黑74等。尤其是白131，更是精妙之极，仅学此一着，当可使人满足矣。

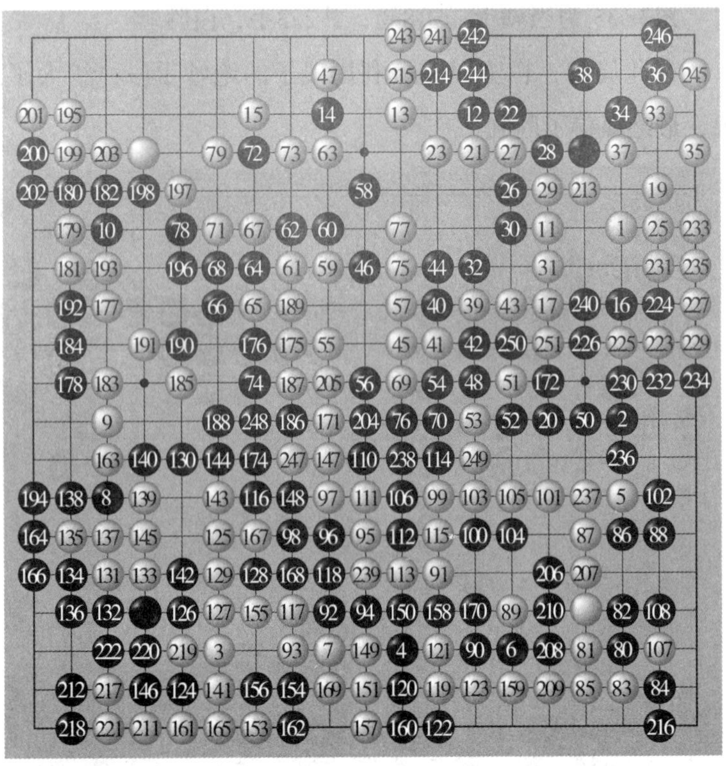

图3–36

第10局 黑方施襄夏vs白方范西屏

图3-37 为当湖十局最后一局，共341手，黑胜。

本局至341，白方终以二子半之差败北。本局左上、右上、左下三个角的变化相当精彩有趣，颇值得玩味。

尤其值得一提的是，白方在左上似乎是吃了亏，但是就全局而言，并未落后。由此可见，施、范两人重视全局甚于局部的得失。

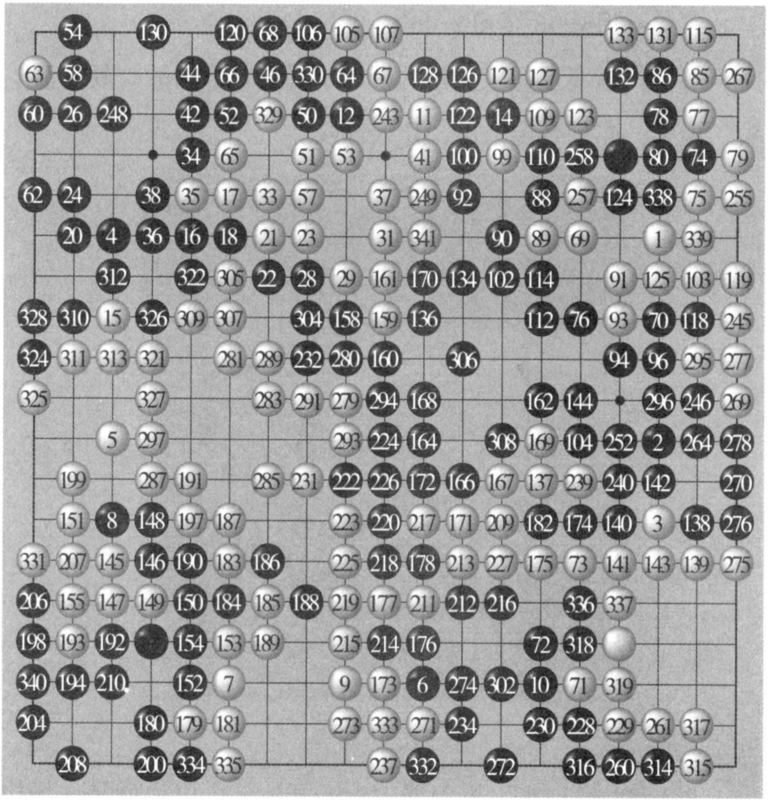

图3-37

13 施襄夏“硬扭活羊头”

时间：清朝乾隆年间

棋手：黑方张振西vs白方施襄夏

对局：白授四子，共165手

终局：白中盘胜

棋谱：图3-38 至图3-40

解说：施襄夏与张振西的授四子局中，下出的“硬扭活羊头”构思，亦是名传千古，让人惊叹。

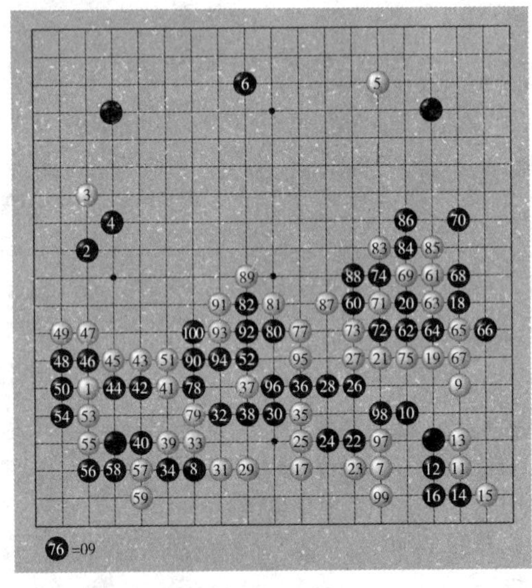

图3-38

图3-38 黑14缓，黑84恶，白99开始，可以说就是一场构思杀龙和征子必得其一的惊天阴谋。

图3-39 白105是攻击的要点。黑128败着，当于白127右一路交换一手，错过这唯一的机会，成就了这一千古奇局。

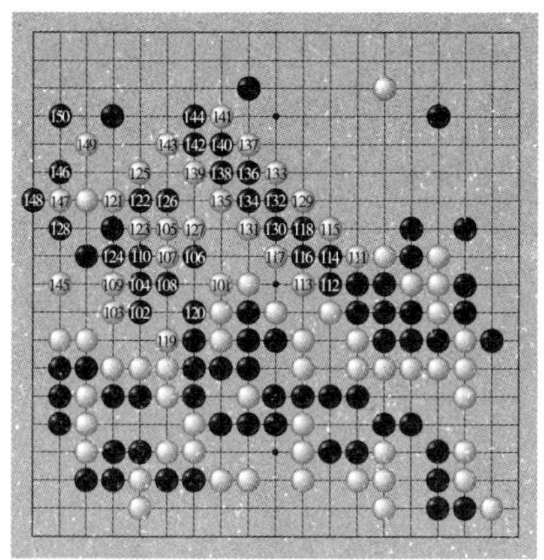

图3-39

图3-40 白153冲时，黑154认输，棋局到此结束。后面则为变化之一。黑154若于黑164跳是顽强的妙手，但演变下去黑方仍要输。此局，不愧是奇妙至极的一局。

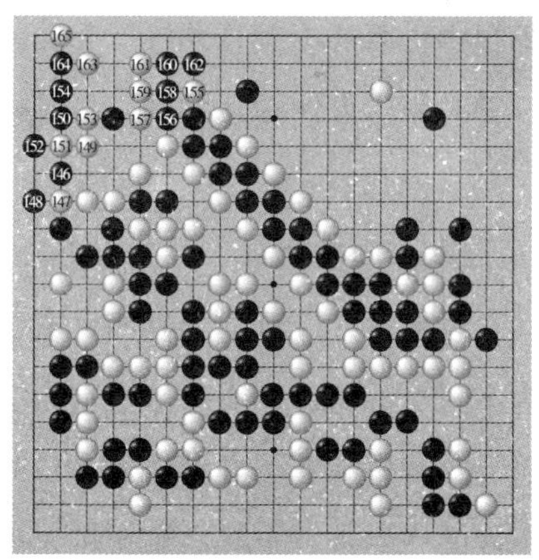

图3-40

14 安井仙知vs本因坊烈元

时间：日本德川时代

棋手：黑方（日本）六段安井仙知 vs白方（日本）七段本因坊烈元

对局：共281手

终局：黑12目胜

棋谱：图3-41

解说：安井仙知，安井七世，生于江户，棋手坂口仙德之子。他16岁袭安井位，称安井仙知，后世为与八世安井仙知相区别，称其“大仙知”。

在1801年，他与烈元同时晋升为准名人，1814年他让位于弟子中野知得，自身引退。

他的棋风重视中央厚势，颇具才气。秀和曾认为“若论当代华美之棋艺，无人能出大仙知之右者”，濑越宪作则称赞其为“大天才”。

本因坊烈元，本名山本烈元，法名日实，是日本江户时代的著名棋士，八段准名人，日本围棋四大家本因坊家的第十代家督。其师为本因坊察元，20岁时他被立为坊门继承人，同年出席御城棋对局，38岁承袭了本因坊位。1789年，他立宫重乐山为继承人。他的一生共下了46盘御城棋，为史上御城棋最多者。

本局对战双方都是当时日本棋界享有盛誉的国手，但是在本局激烈的对杀过程中，由于双方均是漏算了一着精妙绝伦的好手，而被作为著名国手出现漏算的典型一局载入棋史。

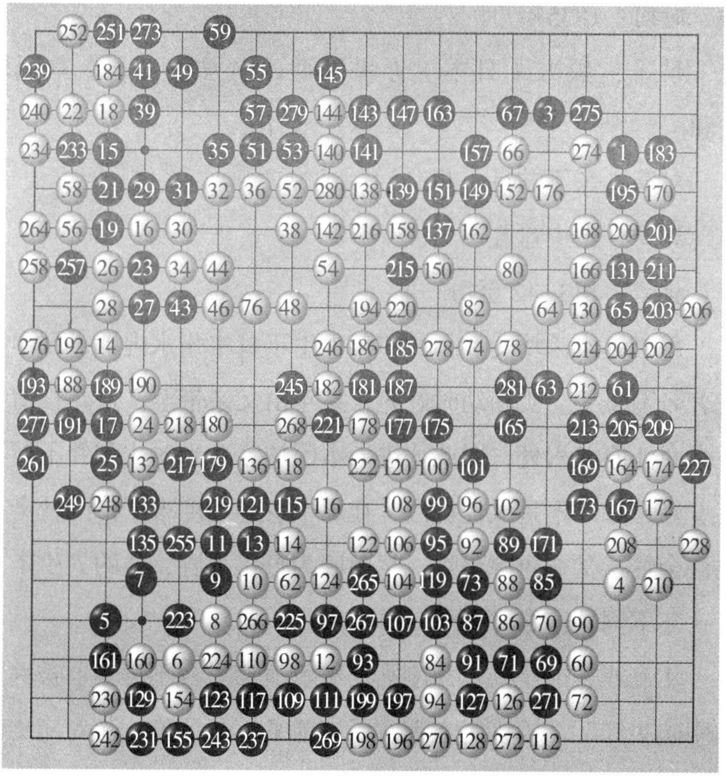

图3-41

15 丈和三妙手之局

时间：1835年7月

棋手：黑方（日本）赤星因彻vs白方（日本）本因坊丈和

对局：黑不贴目，共246手

终局：白中盘胜

棋谱：图3-42 至图3-49

解说：本因坊丈和，1787年出生于日本州水内郡，日本古代著名围棋手。丈和幼时好弈，某年由父亲带至江户，投宿本庄豪商江原权六处，因此才进入本因坊家。当时丈和并不被人们看好，如果不是入仕坊门，在那个身份制度很严格的社会，也许会继承父业庸碌终生，然而因为打棋得胜，他的人生走上了一条不同的道路。

丈和棋艺超绝，棋风刚猛，中盘战斗力锐不可当，被称为“刚碗丈和”。因当时道策有了“前圣”的评价，相对应丈和被评为了“后圣”。

丈和的棋艺属于晚成一型，他20岁时不过初段和二段之间，他在围棋史上崭露头角的出现，是自21岁时前往山形挑战长坂猪之助的二十一番棋才开始的。21岁的丈和好像悟道一般跟围棋有了不可思议的感应，可以说这也是丈和棋道生涯的转折点，丈和也从此确立了他的力战型棋风。

在本局中，双方呕心沥血，殊死搏杀。赤星因彻在败局已定之际口吐鲜血，本局也因此被称为“因彻吐血之局”。丈和在此局棋面不利下，连续下出的68、70、78三着妙手，有如鬼斧神工，令后人敬服不已。

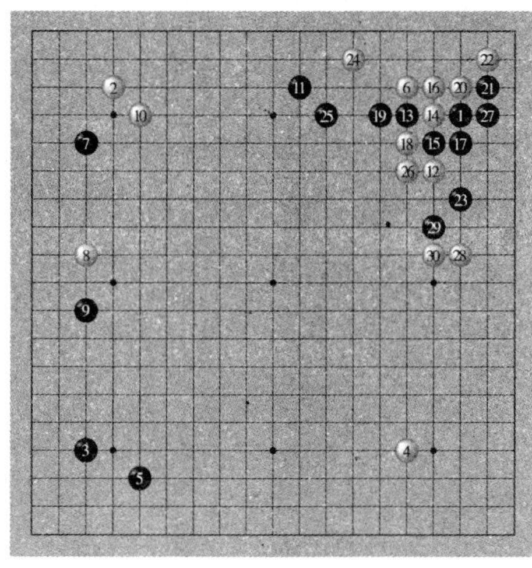

图3-42
为1~30手

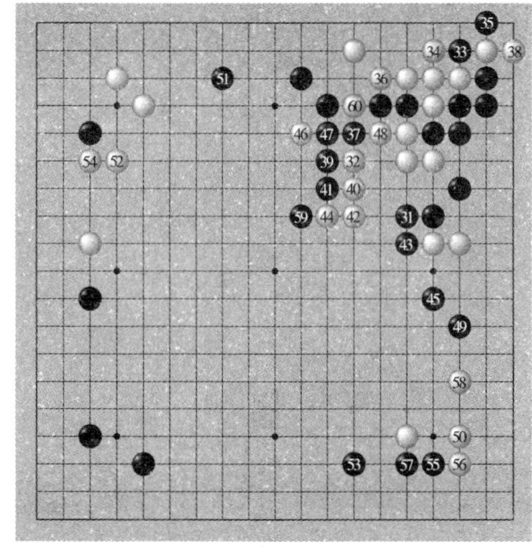

图3-43
为31~60手

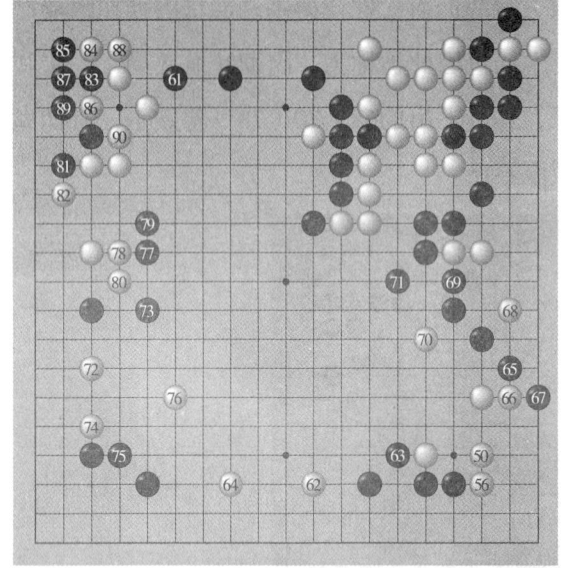

图3-44

为61~90手

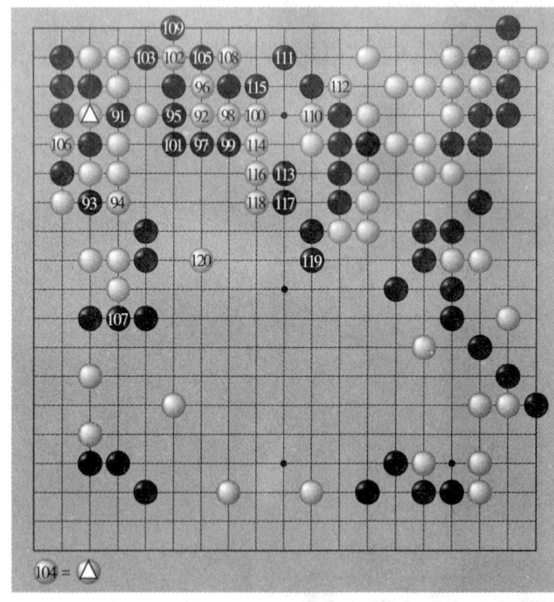

图3-45

为91~120手

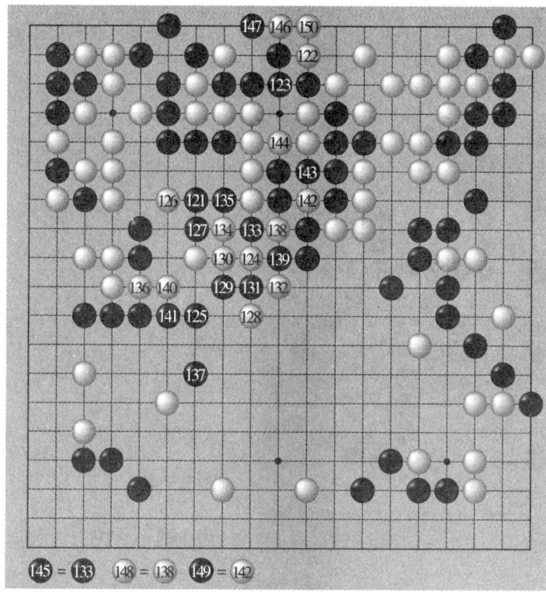

图3-46

为121~150手

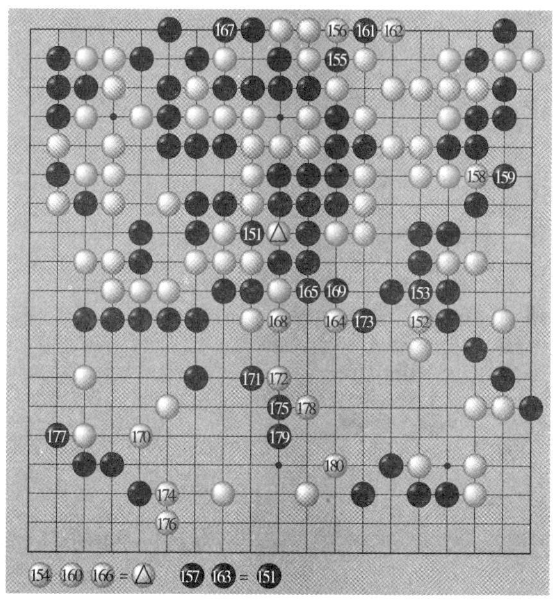

图3-47

为151~180手

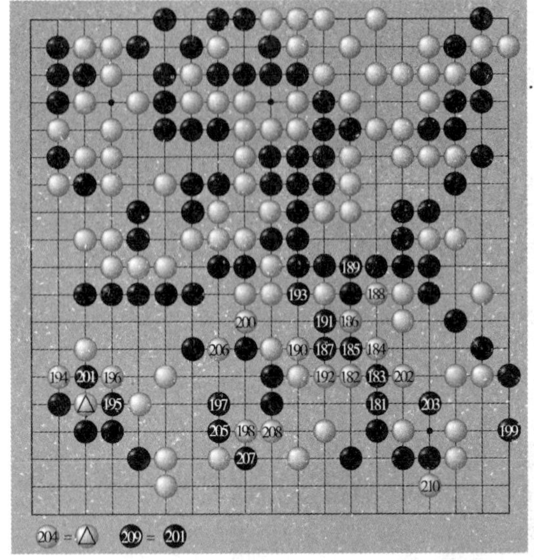

图3-48

为181~210手

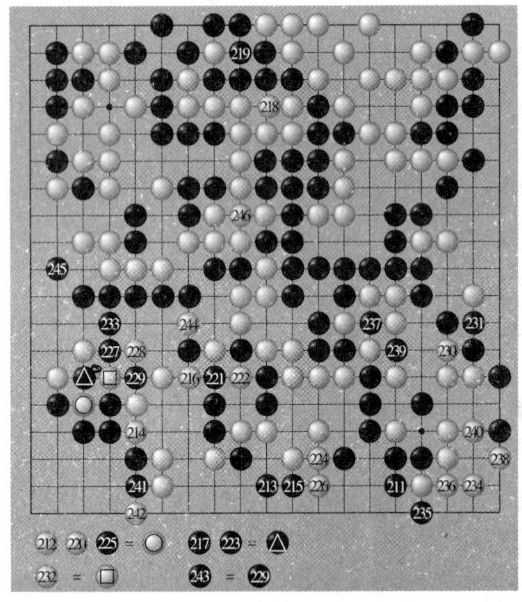

图3-49

为211~246手

16 秀和完胜之局

时间：1840年11月

棋手：黑方（日本）七段本因坊秀和vs白方（日本）八段幻庵因硕

对局：黑不贴目，共264手

终局：黑胜4目

棋谱：图3-50 至图3-58

解说：本因坊秀和，生于1820年，其人对日本围棋发展有着极为重要的贡献。他曾于1848年3月，继日本围棋界第十四世本因坊。

秀和的棋风平和中正，善于随机应变。在本局中幻庵因硕自始至终竭力求变，无奈秀和根据先行的优势，通盘行棋坚如磐石，游刃有余，最终取得了“完胜”。

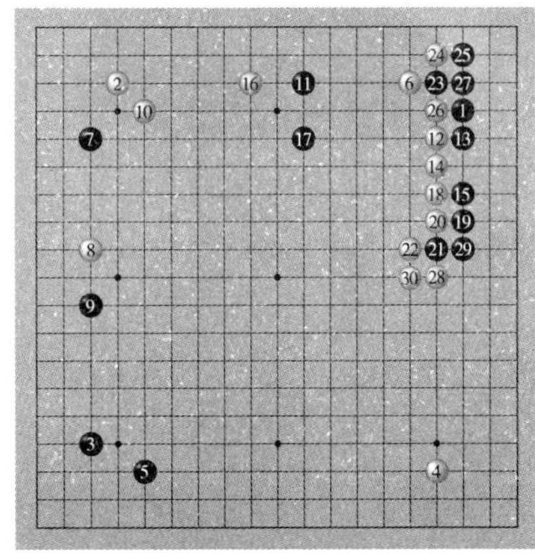

图3-50

为1~30手

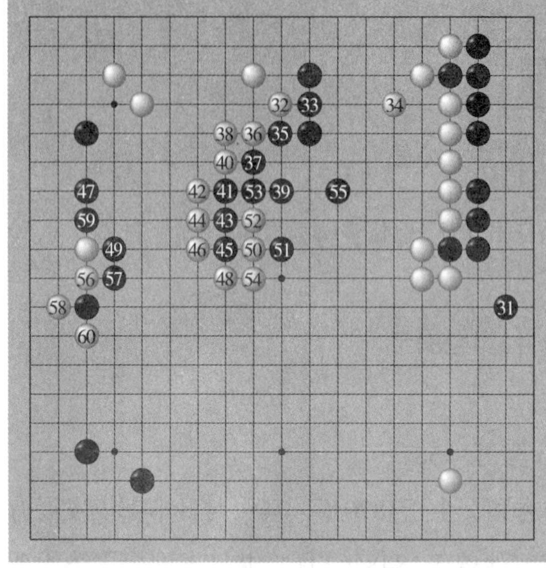

图3-51

为31～60手

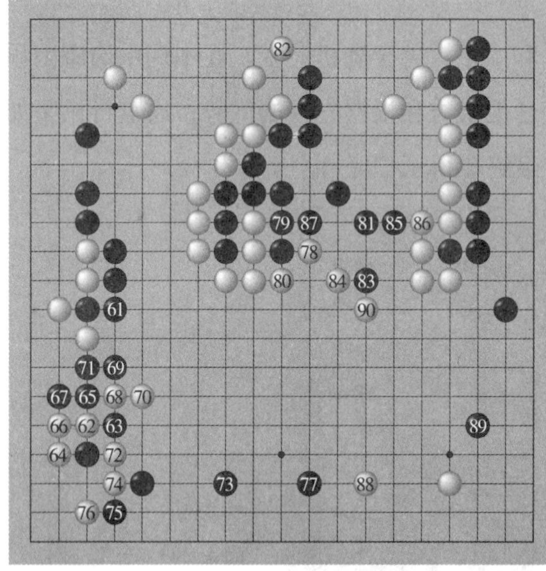

图3-52

为61～90手

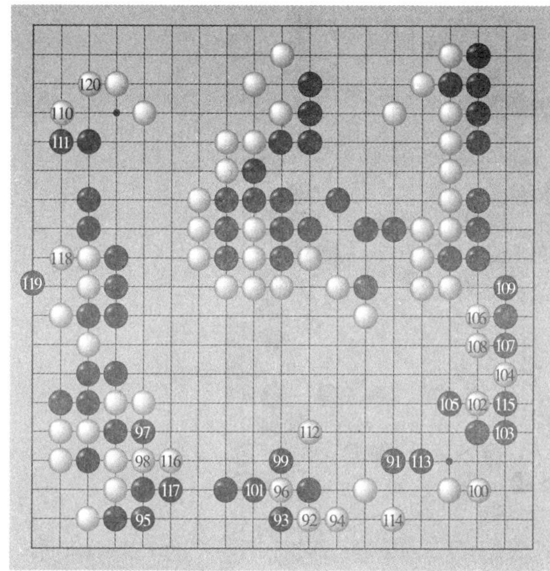

图3-53

为91~120手

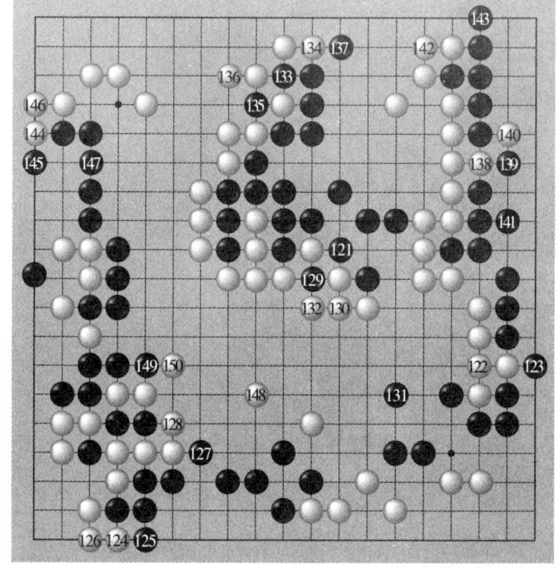

图3-54

为121~150手

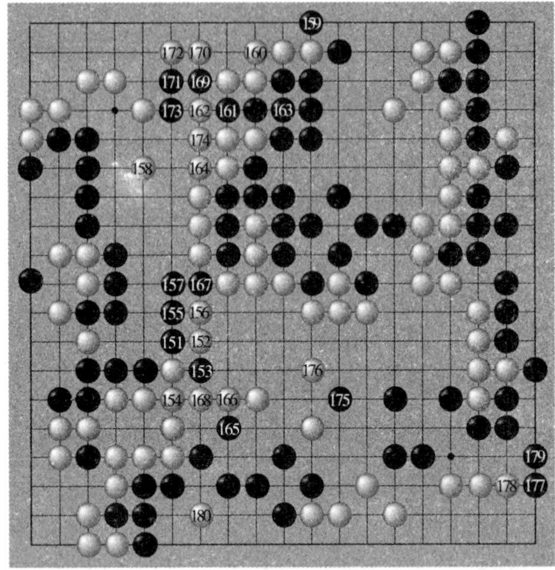

图3-55

为151~180手

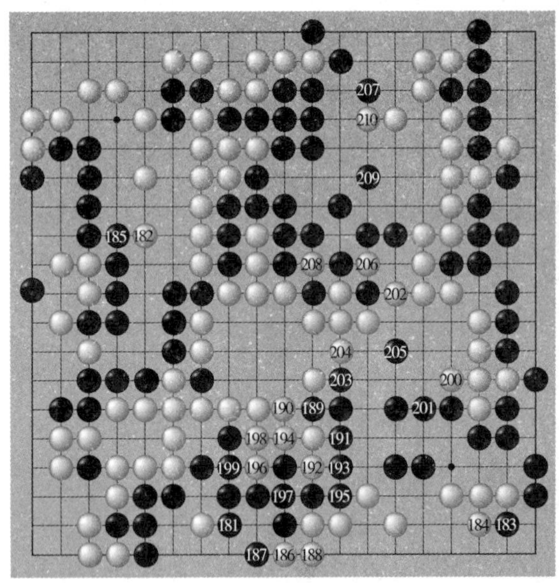

图3-56

为181~210手

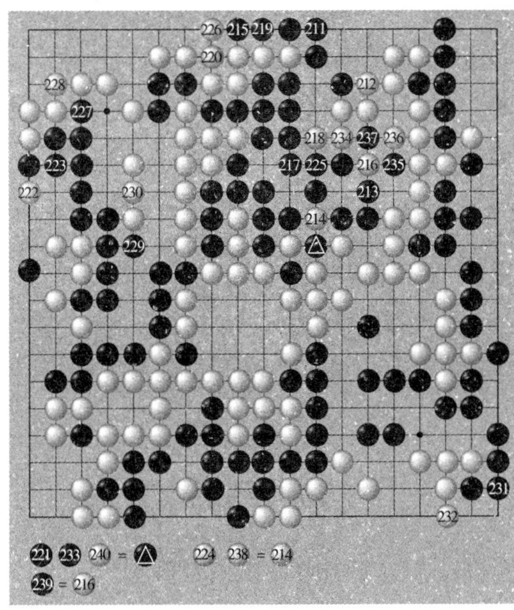

图3-57

为211~240手

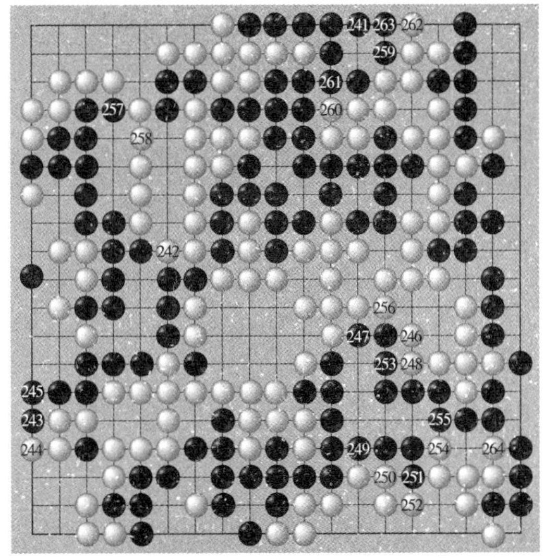

图3-58

为241~264手

17 “耳赤”之局

时间：1846年7月21日

棋手：黑方（日本）四段本因坊秀策vs白方（日本）八段幻庵因硕

对局：黑不贴目，共325手

终局：黑胜3目

棋谱：图3-59 至图3-69

解说：本因坊秀策出生于1829年，日本江户时代围棋棋士，被许多人认为是围棋黄金时期当中最伟大的棋士。

秀策棋风平和悠远、精妙入微，被当时日本称为150年一现的“棋亮”。他取得了御城棋对局19战全胜的空前纪录，并且创造了对于后世影响深远的“秀策流”布局。

在本局中序盘阶段黑棋稍许落后，秀策依然下得十分冷静、机敏，并显露出了卓越的大局观。当黑127手落子于盘，这扭转乾坤的一着竟使得对手幻庵因硕情绪激动，导致两耳发红。也正因此，本局遂以“耳赤妙手”闻名于世。

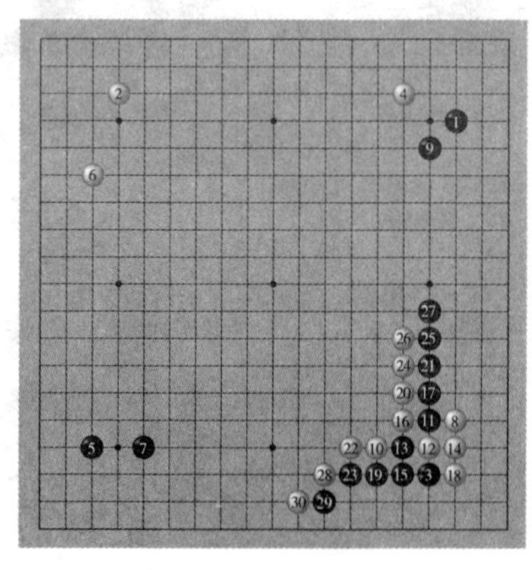

图3-59为1~30手

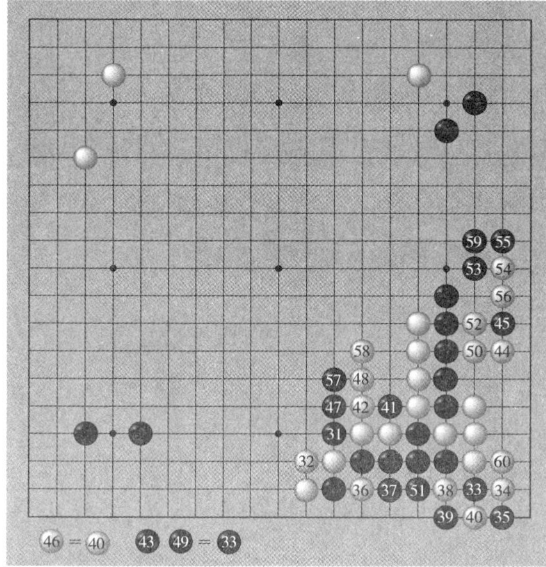

图3-60

为31~60手

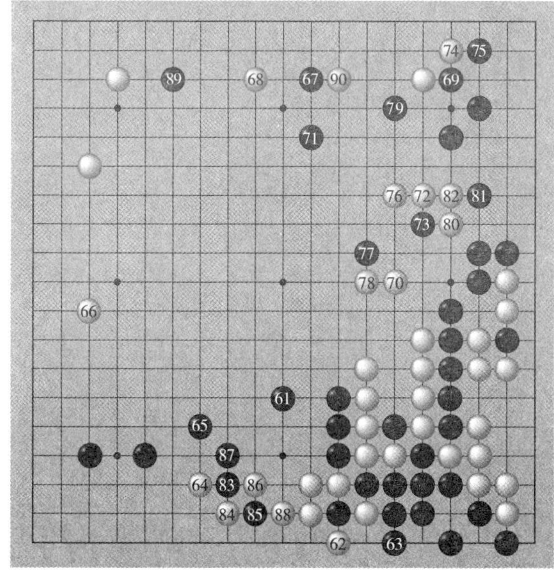

图3-61

为61~90手

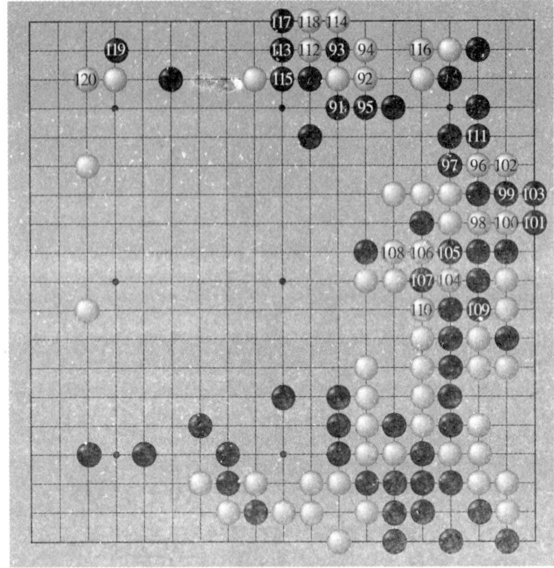

图3-62
为91~120手

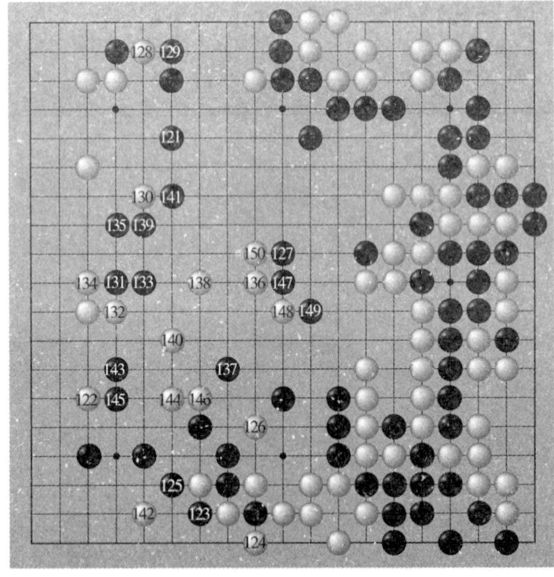

图3-63
为121~150手

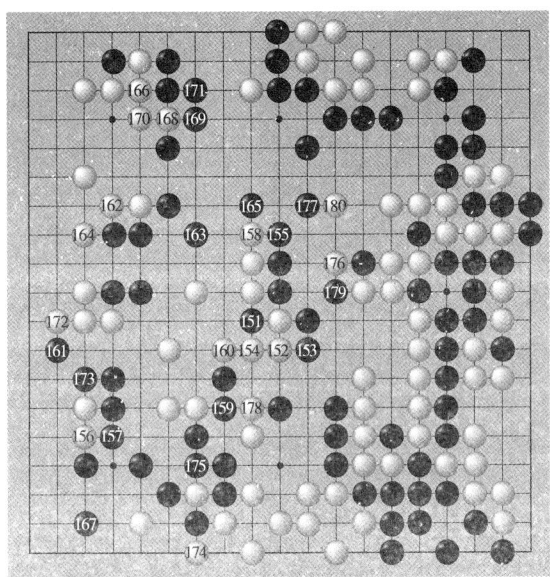

图3-64

为151~180手

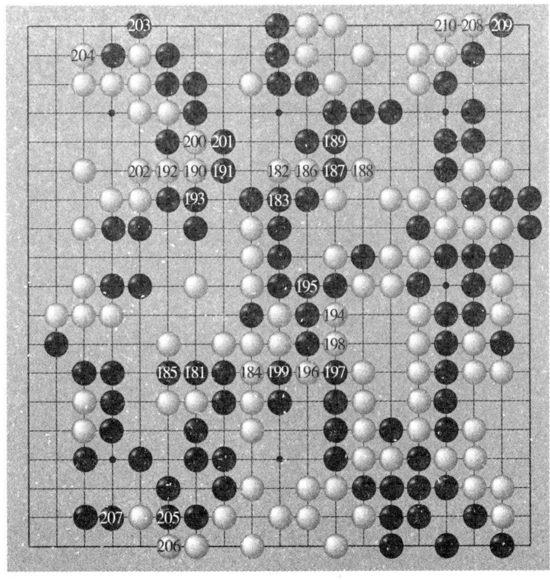

图3-65

为181~210手

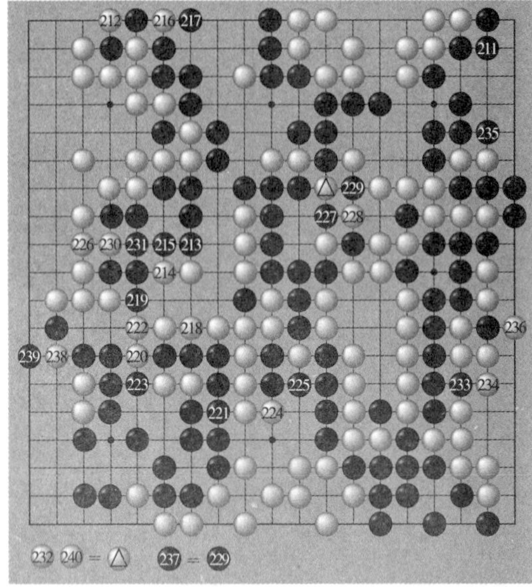

图3-66

为211~240手

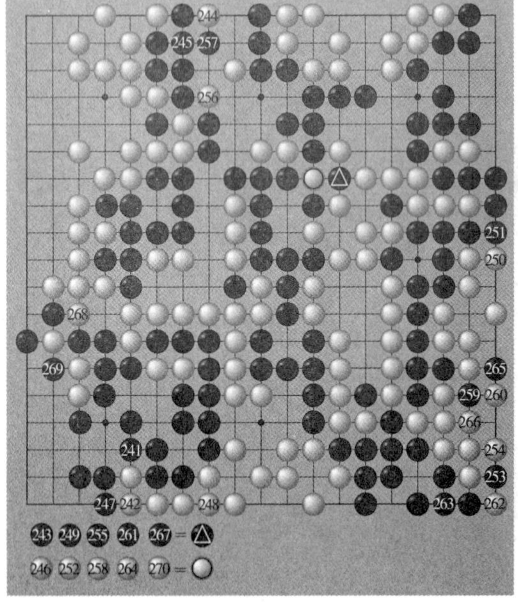

图3-67

为241~270手

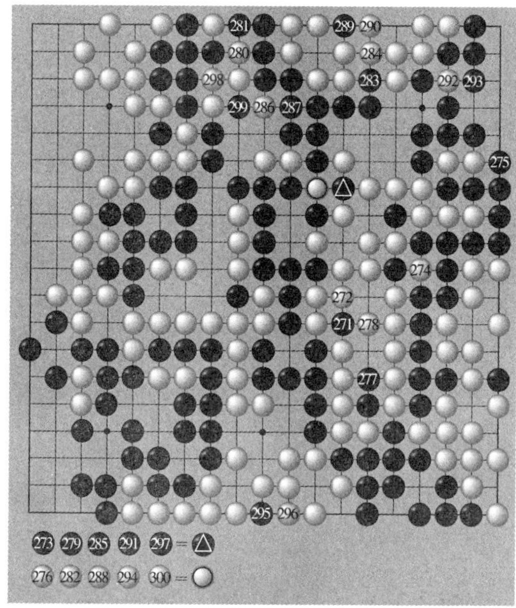

图3-68

为271~300手

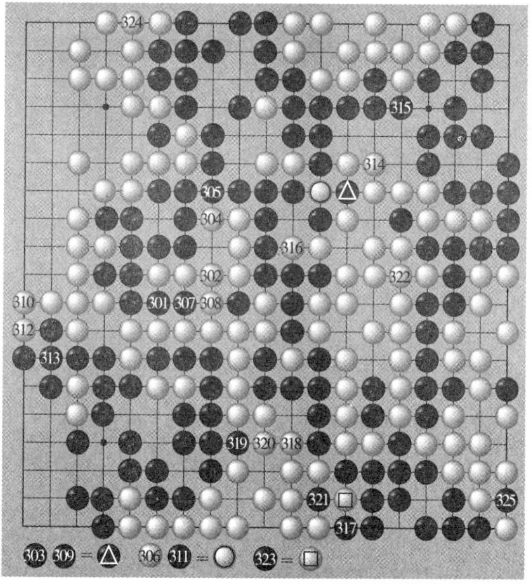

图3-69

为301~325手

相关链接

宋代刘仲甫是徽宗时独霸棋坛的大国手，他与人称“骊山仙姥”的乡野老妇对弈120着，被杀得大败，顿时呕血数升。这局棋简直着着精警，是常人难为的棋谱，因此被称为“呕谱”，棋局图又被称为“呕血局”。

这是一盘说不清的棋。首先，谁黑谁白，谁胜谁负，便有不同说法。其次，骊山老妇究竟何许人也，有说是仙子，也有说是隐居骊山的某女弈高手。

围棋口诀

围空就像盖房子，先抢边角后中腹，高低配合很重要。
折的距离要合理，多走边角三四路，少压五路爬二路。
不走愚形走好形，不下废棋讲效率，大局要点别放弃。
急所大场比谁急，布局建立根据地，战斗打响很有利。

围棋规则

空不够，要打入，打入宜早不宜迟，多走边角三四路。
打入一般有三种，进攻对跑和逃孤，选择进攻少逃孤。
敌人模样大，我就用浅消；打入有危险，我也用浅消。
浅消时机是关键，浅消选点有诀窍，三线折二我肩冲。